한 번뿐인 삶
YOLO

아들에게 보내는
아드레날린 인생 백서

한 번뿐인 삶
YOLO

권산 │ 권영후

1
나

네가 좋아한 그 음악들이, 영상들이 지금의 네 몸을 이루는 마늘이나 양파 같은 역할을 했을 것이다. 그것이면 충분하다. 어쩌면 그것은 조금 먼 미래에 놀이가 곧 너의 일이 되었으면 하는 바람이었을 것이다.

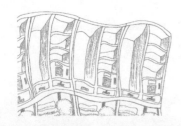

2

식구

아빠가 겨우 2박 3일 동안 할머니 기저귀를 갈면서 든 생각은 의리다. 나는 의리를 지켜야 한다. …… 그러나 며칠이 아니라 더 오래, 긴 시간 동안 그녀를 보살펴 줄 수 있느냐고 묻는다면 …… 자신이 없다. 그래서 슬프다.

3

일과 돈

해야 하는 일은 하고 싶은 일의 머슴이 아니다. 가수가 되었다면 그 때부터 부르고 싶은 노래만 부를 수는 없을 것이다. '불러야 할 노래'가 7할을 차지할 것이다. 그것이 '부르고 싶은 노래'를 부를 수 있게 하는 밑천이다.

4
세상

광고는 항상 작은 차이가 엄청난 차이인 것처럼 떠들어 대고 우리는 조금 더 빠르고 조금 더 편리한 물건을 구입한다. 사람들은 모서리 둥글기 7mm보다 5mm가 더 '간지' 나기 때문에 기능이 거의 동일한 기계를 새로 산다.

부모님께.

두 분이 사는 곳이 다르므로 받는 어머니가 아버지에게 전달해 주십시오. 평소의 말투대로 편지를 작성할까 했지만 기분상 존댓말을 써야 할 것 같아서…… 어색하지만 작성하도록 하겠습니다. 제가 이곳에 온지 1주 차가 되었습니다. 하루하루가 매우 정신이 없습니다. 어떻게 지나가는지 모를 정도로 정신이 없습니다. 여유 있게 일어나서 컴퓨터 부팅하고 웹툰 보던 때가 그립습니다. 이곳에서는 시간이 총탄 위에 실어 놓은 듯 빠르게 가면서도 때로는 느리게 갑니다.

편지나 일기는 부모님이 확인하니 밝고 맑게 쓰라고 하지만 그냥 제 기분 그대로 솔직하게 쓰겠습니다. 어차피 두 분께서는 제가 그렇게 맑고 화창한 성격이 아니란 걸 알고 있습니다. 어찌 되었든 지금으로서는 지난날이 그리울 뿐입니다. 군대에 들어오기 전에는 지난날을 그리워할 필요가 없었습니다. 그 다음 날도 즐겁고 행복하게 지내면 그만이니까요.

하지만 여기선 아닙니다. 이곳에는 부팅할 컴퓨터도 없고 볼 만화나 화집, 그리고 내 22만 원짜리 은색 바디에 새끈한 곡선이 돋보이는 아름다운 닌텐도도 없습니다. 참으로 안타까운 일입니다. 주로 낮에는 몸을 굴리고(물론 항상 몸을 쓰지만) 저녁에는 강의를 듣습니다. 북한은 적이고 미국은 친구라는 것을 가르쳐 주는 올바른 교육이라고 생각합니다. 제가 빨갱이여서 여기로 보낸 것이 아닌가 하는 의심을 하게 됩니다. 뭐 어찌 되었든 이렇게 있으니, 있는 동안은 동기들과 함께 잘 헤쳐 나가려고 합니다. 전부 온 마음으로 수료식을 기다리는 듯합니다. 저 역시 그날이 기다려집니다. 어서 부모님을 보고 싶습니다. 그리고 밀린 만화가 보고 싶어 죽겠습니다.

이곳에서는 만화도 그림도 편히 그릴 수가 없습니다. 지금 1주일째 아무것도 그리지 못하고 있습니다. 머릿속으로 이야기를 짜 보려고 해도 정신이 없어서 떠오르는 게 없습니다. 아니 그냥 있는 것도 잊어버릴 지경입니다.

위에 써 놓은 것을 보면 제가 우울증이라도 걸린 것 같지만 전반적으로 잘 지내고 있습니다.

아직 죽을 정도로 힘이 들거나 하진 않습니다. 아직은⋯⋯ 지금으로선 집이 그리울 뿐이고 제 손때 묻은 물건이 그리울 따름입니다. 새벽 공기를 가르고 일어날 때면 지난날에 대한 향기를 맡고 싶습니다. 여하튼 저는 아직 건강하게 지내고 있고, 이곳에 살아 있으니 두 분 다 잘 지내십시오.

p.s. 이거 편지지 디자인 구려요.

나는 다를 줄 알았다

2013년 8월 27일 화요일.

춘천 명동 닭갈비 골목은 붐볐다. 모자를 쓴 앳된 얼굴의 짧은 머리 아들과 부모들, 또는 애인이나 친구로 보이는 무리들이 많았다. 식당 안에서 사람들은 대화를 나누었지만 목소리는 낮았다. 웃음을 지었지만 그 웃음은 길지 않았다. 102보충대는 춘천에 있었고 입대를 앞둔 가족들의 마지막 메뉴는 거의 춘천닭갈비였다. 우리 부자도 닭갈비로 마지막 점심을 나누었다. 별다른 대화는 없었다. 아이는 평소보다 밥을 제대로 먹지 못했다.

점심을 먹기 전에 SK텔레콤에 들러 아이의 전화기를 '군정지'시켰다. 대리점을 나서는 아이의 표정이 급격하게 굳어졌다. 기능 정지된 아이의 휴대폰을 넘겨받았다. 이전에는 군대 간다는 걸 머리 깎는 순간부터 짙게 실감했는데 요즘은 아닌 모양이다. 부모님께 큰절하고 나설 대문이 있는 집에 사는 사람들은 거의 없다. 열차 시간 다가올 때 두 손 잡던 뜨거움을 누릴 기회는 자가용으로 훈련소 앞까지 가야 하는 이제는 볼수 없는 풍경이다. 노랫말의 그 모든 감정은 휴대폰이 정지될 때까지로 유보되었다. 김광석은 이미 이 세상 사람이 아니지만 그의 노래는 그보다 더 오래된 노래였다. 풀 한 포기, 친구 얼굴에 대한 아쉬움보다는 카톡과 웹툰이 없는 세상에서 느껴야 할 고립무원의 절대 고독이 아이를 휩싸고 도는 듯했다. 그러나 변치 않는 것은 마른침을 삼키며 서 있는 아이나 부모나 여느 때 없이 심장박동에 민감하고, 지금 마주하고 있는 이 시간이 빠듯하다는 것이다.

우리 집안의 군 입대 전력은 미국의 라이언 일병 집안과는 많이 달랐다.

아버지는 의가사제대,(결혼을 한 상태에서 입대하셨다.) 형은 시력 문제로 군 면제였고, 사촌 형님은 보훈 대상자라 면제, 나는 집안 사정으로 '육방(6개월 방위병)'이었다. 예나 지금이나 군대를 가고 싶어 하는 사람은 애국가 시청률보다 희박하다.

이런 케네디가 시절의 특권은 우리 대에서 끝이 났다. 두 조카 중 큰놈은 공군, 작은놈은 의무경찰로 자원해서 복무했다. 공군은 휴가가 잦았다. 복무 기간이 몇 개월 더 길지만 휴가를 노리고 입대한 혐의가 짙었다. 작은 조카는 부산에서 근무를 해서 격주 단위로 집으로 외박을 나왔다. 도대체가 녀석들이 복무 중이라는 것을 실감하기 힘들었다. 한 다리 건너편에 있는 삼촌한테는 조카들의 군 생활이 띄엄띄엄해 보였다. 아들 영후가 102보충대로 입소해야 한다는 사실을 처음 들었을 때 나는 깔깔깔 웃었다.

"제대로 걸렸네."

사실 나는 거의 자유방임 상태로 살아온 아이가 한 번 정도는 원하지 않는 공간에서 원하지 않는 일을 '당할' 필요가 있다고 생각했다. 대한민국 현실에서는 군대가 그 역할을 할 가능성이 가장 높았다. 그리고 군대를 간다면 가급이면 육군 1111(보병), 그것도 가급이면 강원도에서 복무를 한다면 전형적일 것이라는 생각을 하고 있었다. 102보충대가 어딘가? 빼도 박도 못하는 강원도 아닌가. 주변에 "영후가 102보래!"라고 말하면 사람들 입가에는 염화시중의 미소가 흘렀다.

아이의 입대 날짜는 2013년 1월에 정해졌다. 입소일은 8월 27일. 아주 멀어 보였다.

영후는 대학을 가지 않았다. "후딱 군대 갔다 와라."는 것이 나의 요구였지만 입영 날짜를 마음대로 정할 수 있는 것이 아니니 기다림이 지루했다. 입대를 앞둔 사람이 뭔가 목적이 분명한 짓거리에 힘을 쏟는 것은 여간 독한 놈이 아니고서는 힘들다. 영후는 조금도 독하지 않을 뿐만 아니라 하염없이 물러 터진 스타일이다. 이른바 결손가정에서 자랐다. 나는 전남 구례에 있고 아이는 부산에서 친모와 살고 있었다. 영후의 일상은 보지 않아도 뻔한 비디오였다. 느지막이 일어나 하루 종일 웹툰과 만화책, 게임, 음악, 영화, 그림 그리기로 소일하고 있을 것이다. 콜라를 끼고 살 것이고 물론 잠자리에 드는 시간은 아주 늦을 것이다. 입대일이 정해지고 같은 물음으로 두어 번 전화가 왔다.

"아빠, 아빠는 독자 사유로 방위 갔잖아. 나는 안 되나?"

"알아봐라, 네이버에. 그런데 그게 말이 되겠냐 임마. 요즘 독자가 한두 놈이냐. 그렇게 빠지면 나라는 누가 지키냐. 헛소리 하지 말고 운동이나 좀 해라."

며칠 후 다른 일로 통화하다가 물었다.

"독자 사유 군대 면제 알아봤냐?"

"어…… 네이버 지식인에 많이 나와 있는데 어떤 놈이 독자 사유 이야기하니까 다른 놈이 답했데. 지는 삼대독잔데 갔다 왔다고."

"그 봐라 임마. 그니까 엉뚱한 기대 하지 마라. 너는 여튼 간에 고생 좀 하는 게 좋다."

"아 씨……."

보충대로 가는 길은 멀었다. 2013년 8월 26일 점심 무렵에
구례를 출발했다. 다음 날 새벽에 출발하는 방법도 있었지만
하루 전에 출발해서 아이와 춘천에서 마지막 밤을 보내는 짧
은 여행을 택했다. 숙박지 문제로 며칠 고민했다. 102보충대
에서 두 시간 이내에 있는 많은 호텔과 펜션을 검색했지만 결
국 춘천에서 머무는 것이 좋겠다는 판단을 했다. 가는 길에
횡성에서 한우로 이른 저녁을 먹었다. 한우로 외식하는 것은
빠듯한 살림을 운영하는 일반적인 가정에서는 특별한 날 과
소비의 대명사다. 내일 군대 가는 아들을 둔 부모들이 흔히
하는 짓이다. 요즘 아이들이 대부분 그러하듯 녀석도 육식동
물이다. 고기는 흡족한 '퀄리티'였고 나는 바로 설사를 했다.
언젠가부터 기름기 많은 부위의 소고기를 목구멍으로 넘기
고 나면 설사를 했다. 춘천에 도착하니 해거름이었다. 예약해
둔 낡은 호텔에 짐을 풀고 저녁 군것질거리를 사러 춘천 시내
를 산책했다. 던킨도너츠를 몇 개 샀다. 평소에 잘 먹지도 않
는 것이다. 단지 당분간 먹지 못한다는 이유에서였다.

밤늦도록 아이는 충천해 놓은 '캐시'를 소진해야 한다면서
프라다폰에 코를 처박고 있었다. 이른바 입영 전야였지만 딱

히 손을 맞잡고 기도할 이력의 부자도 아니고 더 이상 자식에게 고백할 충격적인 비밀도 없었던 아빠는 텔레비전에 눈을 던져두고 오지 않는 잠을 기다릴 뿐이었다.

102보충대 앞은 아수라장이었다. 뒤에 알았지만 이날 입소한 '장정'들은 천 명이 넘었다. 그들을 따라 평균 두 명 정도의 가족이나 친구 또는 애인들이 배웅을 나왔으니 최소 3천 명 가까운 사람들이 모인 것이다. 원래 그런 것인지 102보충대 앞은 방송국 차량들로 법석이었고 여성 리포터들이 심하게 활기차서 곧 넘어갈 것 같은 목소리로 소식을 전하고 있었다. 목소리만 듣자면 무슨 축제 행사장이라도 온 것 같았다.

정문 앞에는 최고급 깔창, 선크림, 핸드크림, 손목시계, 면봉, 수첩, 손톱깎이 4종 세트 같은 '군바리 필수품'을 판매하는 노점상들의 목소리로 떠들썩했다. 이런 물품을 준비하지 않으면 당신 자식은 엄청난 고난을 맞이할 것이라고 외치는 중이었다. 걱정과 불안은 항상 가장 유효한 마케팅 전략이다. 102보충대 정문 앞은 그 전략이 가장 효과적으로 먹히는 곳이기도 하다. 인파를 헤치고 집결 장소로 걸어갔다. 경사가 가파른 스탠드에 사람들이 모여 있었다. 핸드폰으로 마지막 인증샷을 찍었다. 아이는 두 엄마와 할머니에게 입대 전 마지막 전화를 걸었다.

입소식장은 활기찼다. 댄스음악이 흘렀다. 이를테면 개방형 입소식이다. 우리 군대가 이렇게 열린 마음이고 당신의 자식을 내 자식처럼 돌보는 곳이니 모쪼록 아무 걱정하지 말라는 메시지였다. 원하는 아이들과 부모들은 연단으로 나와서 부모님께 마지막 인사를 드리고 큰절을 올렸다. 울면서 아들이 자랑스럽다고 말하는 엄마, 엄청난 효자가 되어서 돌아오겠다는 아들……. 장기자랑도 열렸다. 우리 부자는 그 모습을 무덤덤하게 지켜보았다. 언제나처럼 우리 부자는 가급이면 '시크'하게, 상투적이지 않게 이 순간을 맞이하자는 암묵적인 동의가 있었다.

마지막 포옹의 시간. 그리고 이별이다. 정해진 순서는 없으니 가장 마지막까지 버티어도 되겠지만 굳이 그럴 마음은 없었다.

"사랑한다."

어느 순간 영후는 이 한마디를 내뱉고 작정한 듯 휙 뒤돌아서 달려 나갔다. 영후로부터 처음 듣는 말이었다. 어려서, 또는 자라서 별 영혼 없이 의무로 내뱉는 표현이 아니라 마음속 뼈 같은 단단하고 군더더기 없는 언어가 나를 향해 날아왔을 때, 내 모든 감각은 일순간 멈추었다. 몇 초 동안 호흡조차 멈추고 아이의 뒷모습을 눈으로만 쫓았다. 사·랑·한·다. 아이의 목소리는 약간 떨리고 있었다. 그 떨림은 아홉 살이 된 영후를 할머니에게 맡기고 등을 돌리던 내 티셔츠에 녀석이 묻힌 눈물과 콧물만큼이나 치명적인 통증을 안겼다. 사랑한다는데 이상하게 그 말이 아프다. 목젖이 굳어 왔지만 눈물을 흘리지 않았다. 그리 결심했다. 아들 군대 가는 일 때문에 눈물 따위를 보이는 일은 나답지 않다고 생각했다.

머리는 지금 102보충대를 빠져나가는 것이 현명하다는 판단을 내렸지만 내 발길은 아이들이 모여서 줄을 서고 있는 연병장으로 향하고 있었다. 맨 뒤 화단에 올라서서 발끝을 세웠다. 보일 리가 없는 아이를 찾아 두리번거렸다. 몇 무리로 나뉘어진 아이들은 양 갈래로 줄지어 건물로 들어가기 시작했다. 생각과 무관하게 내 발은 다시 건물 앞으로 달려갔다. 접근 금지선 맨 앞에 서서 혹시 눈길이 마주칠까 아이를 찾았다. 찾았다! "영후야!" 하고 불렀다. 아이가 화들짝 뒤돌아보았다. 그러나 영후는 나를 찾지 못했다. 그리고 건물 안으로 사라졌다.

아이들의 짧은 머리털이라도 볼 수 있는 기회가 완전히 사라지자 사람들은 밖으로 밖으로 밀려 나왔다. 차를 세워 둔 곳은 제법 멀었다. 약간 멍한 상태에서 계속 걸었다. 차를 확인하고 담배에 불을 붙였다. 먼 길이다. 500km 이상을 운전해야 한다. 한순간에 천 대가 넘는 차량이 102보충대를 출발해 춘천 시내를 빠져나가야 했다. 요금소까지 정체가 계속되었다. 춘천을 벗어나는 데만 두 시간이 걸렸다. 날씨와 마음 모두 운전하기 힘든 상태였다. 그래서 여럿이 함께 오는 모양이다. 자식 두고 돌아서는 길이 덜 외롭게.

중앙고속도로에 들어서서 볼륨을 높였다. 홍천, 횡성, 원주, 제천, 단양, 영주, 안동, 군위를 무중력상태로 지나쳤다. 2차선에 차를 고정시키고 앞차의 불빛만 바라보고 액셀과 브레이크를 밟았다. 혼자라 차 안에서 담배를 피웠고 담배를 피울 수 있었으니 휴게소를 들를 이유도 없었다. 몸은 무거운데 잠은 오지 않았다. 머릿속으로 아이의 21년이 스쳐 지나갔다. 좋았던 기억보다 아팠던 기억이 오래간다. 좋음은 곧 성취고 아픔은 곧 이루지 못한 일들이었다. 나로 인한 아이의 아픔은 쉽게 지워지지 않는다. 녀석은 특별한 문제 없이 성장했지만 근본적인 그늘이 있었다. 몇 시간 전에 아이가 "사랑한다."고 말했을 때 나도 사랑한다는 말을 하지 못하고 헤어진 것이 마음에 남았다.

구례에 오기까지 두어 번 더 길을 놓쳤다. 정신 줄을 놓고 있었던 탓일까. 102보충대를 출발한 지 거의 여덟 시간이 지난 자정 무렵에야 집에 도착했다. 몸은 만신창이였지만 잠은 오지 않았다. 컴퓨터를 켰다. 102보충대에서 받아 온 입소 안내문을 펴서 '102보충대 카페'를 검색했다. 뉴스가 많다. 들여다보니 '늑대소년' 송중기가 102보충대로 입소했다는 소식들이었다. 그래서 방송 차량이 많았나 보다. 그렇게 송중기 팬카페까지 흘러 들어갔고 그곳에서 뜻하지 않은 정보를 얻었다.

'우리 오빠 전역일은 2015년 5월 26일.'

음…… 유용한 정보군.

2013년 10월 7일 월요일 오전 10시.

우렁찬 함성 소리와 함께 아들들이 입장한다. 정해진 시간에 정해진 프로그램으로 진행될 것을 알지만 부모들의 심장은 그 순간 짜릿함과 시큰함으로 두근거린다.

이미 제각각의 장소에서 이곳으로 오는 동안에도 가슴은 뛰고 있었다. 그래 봤자 이제 5주가 지났을 뿐인데.

하루 전에 도착해서 다음 날 낮 동안을 보낼 훈련소 인근, 예약해 둔 펜션에 짐을 풀었다. 아이가 좋아하는 구례읍 월성 정육점에서 고기를 끊고 쌀은 오메가 쓰리가 나오는 순영이 형님 것으로 들고 갔다. 집 밥처럼 해 주고 싶어서 된장과 고춧가루 따위를 챙겨 아이스박스에 집어넣었다. 열무김치와 깻잎김치도 챙겼다. 송이버섯이 제철이라 잠시 고민했지만 너무 과소비라는 생각이 들어서 주문하려던 전화기를 내려놓았다.

이기자부대 신병교육대대 연병장은 터질 듯한 긴장감과 기대감으로 얼어붙은 상태였다. 시작부터 눈물을 찍어 바르는 엄마들도 있었다. 수료식은 적절하게 짧았다. 하이라이트는 이제부터다. 모든 것은 이 순간을 위해 집중된다. 사열해 있는 훈련병들과 부모들의 만남의 시간. 부모들이 아들 가슴에 이등병 계급장을 달아 준다.

영후 동기들은 150명 정도다. 며칠 전, 카페에서 아이의 위치를 표시해 놓은 그림을 내려받았다. 그것을 보면서 영후를 찾았다. 그 하나에 시선을 고정하고 있었다. 뜨겁다. 가슴이. 그리고 흘깃 오른편 스탠드에 석상으로 앉아 있는, 수료식을 1주일 남겨 놓은 훈련병들을 바라본다. 잔인한 동기부여다. 녀석들의 눈앞에서 곧, 내가 아닌 다른 부모와 자식들의 뒤엉킴이 연출될 것이다.

1

나

눈 치울 생각하니까 벌써부터 머리가 지끈 거리는 것 같아. 제대 같은 너무 먼 곳을 바라보는 것보다 가까운 곳을 바라보고 가는 게 더 효율적일 것 같다. 행군할 때에도 다음 쉬는 지점까지만 가자 하고 걷다 보면 최종 목적지에 도달해 있더라고. 오늘 저녁은 돈까스다. 존나 좋군.

아빠.

난 정말 군대에 오기 싫었어. 나 말고도 다들 그랬을 테지. 21개월이나 군대에서 생활하는 건 아무리 생각해도 시간 낭비 같았어. 이때까지의 내 생활이랑은 180도 다른 생활일 테니. 사실 걱정도 좀 했다. 남들 다 가는 군대, 군대를 가야 남자지 같은 말들은 들어 봤자 힘도 안 나고 도움도 안 되고, 남들이 다 하니까 뭐 뭐 해야 한다 따위의 말은 졸라 싫어한다.

아빠도 알다시피 난 통제가 싫어. 이건 아빠랑 엄마의 영향이 크겠지. 부모가 자식을 통제하든 안 하든 자식은 부모를 보면서 자라니까 아주 어렸을 적부터 우리 부모는 다른 부모들과 다르다는 걸 알았다. 다른 아이들과 다르게 나는 거의 통제받지 않았고 나이가 더 들어서는 전혀 그런 게 없었지. 난 그 점이 매우 즐거웠다. 하기 싫은 일은 안 했지. 무언가에 부딪히기 전에 비켜 갔어. 부딪혀 가면서 정면으로 간다거나 하진 않았다. 그러면서도 언제까지고 이런 식으로 피해 갈 순 없을 거라고 생각했다.

이런저런 생각들을 정리하지 못한 채로 입대를 했다. 102보충대 첫날에는 잠도 못 잤어. 어쩌면 내 인생에서 처음 하는 정면 돌파지. 싫은 일을 비켜 가지 않고 부딪혀 가는 것은 거의 처음인 것 같다. 102보충대에서 훈련소로 와서 생활하면서는, 사람이 살아가면서 뭘 하든 배우는 게 없겠냐만 '도대체 여기서 뭘 배운다는 거지?'라는 생각이 날마다 들었다. 한 달이 지났어도 나라는 사람이 짜달시리 바뀐 것 같지도 않았어. "그냥 빨리 수료나 했으면 좋겠다."라고 계속 중얼거렸지.

그리고 그토록 원하던 수료식이었지. 정말 행복했어. 다른 동기들도 마찬가지였을 테지. 엄마는 눈물이 그렁그렁했지만 나는 그저 기쁘기만 했다. 밥도 맛있었고 고기도 맛있었고 오랜만에 만져 보는 스마트폰의 무게는 뭔가 익숙치 않았다. 오랜만에 들여다본 컴퓨터도 마찬가지였다. 하여튼 가족들과 잠시나마 함께 있을 수 있어서 너무 좋았다.

여기서도 웃을 일이 아예 없진 않아. 그래서 우린 버티고 있지. 내가 여기서 뭐를 배웠는지는 아직 모르겠다. 자유의 소중함인가? 아님 지난 세월에 대한 소중함? 군화 끈 묶는 법? 군대의 긍정적인 부분도 있겠지……. 지금은 그냥 시간이 어서 지났으면 좋겠다. 어쨌든 내가 병장 권영후로 소집 해제 하는 날 아빠가 했던 말처럼 정면을 바라보고 있도록 노력하겠다.

해피밀 세트와 〈쥬라기 공원〉

영후에게.

우리가 같이 했던 기억에는 무엇이 있을까? 워낙에 어렸을
적 일은 나도 잘 모르겠다. 네 어린 시절을 이루는 가장 주요
한 공간은 아마도 토곡 주공 아파트일 것이다. 할머니 집이지.
그곳에서 유치원을 다녔고 초등학교에 입학했다. 우리가 가장
자주 갔던 곳은 아마도 아파트 입구의 맥도날드였을 것이다.
도시에서 아이와 아빠가 놀 수 있는 곳은 주로는 그런 곳이었
던 것 같다. 어른들 처지에서는 한 시간 정도 아이를 보기에
편하고 쉬운 공간이다. 너희들 세대는 대부분 그렇게 햄버거
와 감자튀김과 콜라를 접하게 되었다. 부모의 생각에 따라 그
런 공간을 멀리하는 경우도 있겠지만 아빠는 별생각 없이 몸
편한 쪽으로 움직였다.

처음에 너는 먹는 일에는 별 관심이 없었다. 그곳에서 해피
밀 세트를 주문하면 장난감을 받을 수 있었는데, 너의 목적
은 그 장난감을 모으는 일이었다. 1년에 한 편쯤 상영되는 디

즈니 애니메이션에 등장하는 캐릭터들을 끼워서 팔았다. 〈라이온 킹〉, 〈포카혼타스〉, 〈노틀담의 꼽추〉, 〈헤라클레스〉, 〈뮬란〉, 〈타잔〉으로 이어지는 그 무렵 디즈니 극장판 시리즈는 대단했지. 너의 어린 시절 시각 경험의 절반은 그 애니메이션들로 채워져 있을 것이다. 물론 그 이후에도 디즈니 애니메이션은 계속 이어지고 있지만 1993년생인 너에게는 1994년에서 2000년 초반의 애니메이션들이 각인되어 있을 것이다.

영화 한 편에 대략 예닐곱에 이르는 캐릭터들이 등장하고 그 캐릭터들을 모두 수집하려면 최소한 그 정도 횟수는 맥도날드를 방문해야 했다. 물론 우리는 세트를 거의 두 번 넘게 모을 정도로 들락거렸으니 아빠 역시 썩 좋아하지 않았던 햄버거와 감자튀김에 같이 길들여져 갔다. 처음에는 네가 햄버거에는 손을 대지 않아서 내가 억지로라도 먹어야 했거든. 감자튀김을 케첩에 찍어서 입으로 넣으며 피규어에서 눈을 떼지 못하던 네 모습이 아직도 선명하다.

그 무렵 커다란 옷상자 하나 가득 그 인형들이 쌓여 있었지. 집으로 돌아오면 그것들을 꺼내 늘어놓고 영화의 장면을 반복하는 것이 네가 자주 하던 놀이였다. 영화 시즌이 끝나면 해피밀 세트에는 스누피가 등장했고 우리 집에는 스누피가 대대 병력 정도쯤 모여 있었다. 이리저리 이사를 다니는 난리

통에 그 박스를 보관하지 못한 것이 아빠는 제법 아쉽다. 가령 네가 그린 그림 몇 장이나 카드는 아직 가지고 있는데, 네가 자라면 건네 줄 생각으로 그리했다. 해피밀 세트 인형을 챙기지 못한 것은 실수였다. 나는 그런 것들이 각 개인들의 타임 캡슐이 될 수 있다고 생각한다. 정확하게 기억나지는 않지만 그 당시에는 네가 얼른 자라서 '저놈의 장난감들'을 좀 처분할 수 있기만을 기다렸을 것이다.

생각해 보면 너의 어린 시절은 애니메이션의 르네상스였다. 카젠버그가 디즈니를 뛰쳐나와서 스필버그와 함께 만든 드림웍스가 탄생했다. 〈개미〉, 〈이집트 왕자〉, 〈슈렉〉을 연이어서 만들어 내던 시절이었다. 스티브 잡스가 애플에서 쫓겨나 방황하던 시절에 인수한 픽사까지 등장하면서 〈토이 스토리〉와 〈벅스 라이프〉가 세상에 나왔다. 이른바 블록버스터 애니메이션의 홍수 시대였다. 아빠는 가급이면 그 모든 것들을 너에게 보여 주고 싶었고 그리했을 것이다. 그리고 너는 전혀 기억이 없겠지만 어린 너에게 디즈니와 드림웍스의 차이점, 스티브 잡스라는 사람에 대한 이야기 따위를 각색해서 들려주었다. 더불어 애니메이션이라는 것이 어떻게 만들어지는 것이며 어떤 종류와 장르가 있는지에 관해서도 설명을 했다.

팀 버튼의 〈크리스마스 악몽〉을 보여 주었을 때 너는 홀딱 넘어갔다. 네가 팀 버튼을 받아들여서 나는 기분이 좋았지. 스톱모션 애니메이션에 대해서 이야기했고 그 영화에 나온 음악이 장조가 아닌 단조로 이루어져 우울한 분위기를 연출할 수 있었다는 설명 따위를 했다. 그리고 당시에는 한국어로 번역되지 않았던 《굴 소년의 우울한 죽음》이라는 팀 버튼의 오래된 작품집을 보여 주었고 이후로 너는 이른바 팀 버튼 스타일을 이해했던 것 같다.

아빠가 생각할 때 항상 중요한 것은 이른바 맥락이었다. 무작정 '눈앞에 닥친' 무엇인가를 넋 놓고 보는 것보다는 지금 우리가 보고 있는 것들이 어떻게 생겨났는지, 무엇에서 비롯되었는지를 이해하고 보면 더 많은 것을 볼 수 있기 때문이다. 시간이 흐르면 당연히 너는 그런 순간의 말들을 잊어버리겠지만 의외로 잃어버린 그 말들이 발톱이나 손톱 끝에 박혀 있기도 한 경우가 있지.

네가 극장에서 처음 본 영화는 〈쥬라기 공원2-잃어버린 세계〉였다. 네 살이었나……. 물론 집에서 비디오로 〈쥬라기 공원〉 1편을 수십 번 섭렵한 다음이었다. 아이들은 공룡에 빠져들 수밖에 없었고 당연히 공룡 피규어와 그림책도 수십 종 방바닥에 굴러다니고 있었다. 그 즈음 정월 대보름날에 아파트 복도로 너를 데리고 나와서 달님에게 소원을 빌라고 했더니 네가 그랬지.

"공룡이 되게 해 주세요."

나쁜 놈. 영장류 새끼로 태어나게 해 줬는데 지 애비를 부인하고 파충류 조상이 되게 해 달라니……. 여하튼 너를 데리고 처음 극장으로 가는 일은 아빠로서도 쉬운 결정은 아니었다. 그냥 내가 보고 싶은데 아이를 맡길 곳이 없어 할 수 없이 데리고 가는 것이 아니라, 네가 명백하게 극장이라는 공간을 '느낄 수 있기를' 기대했기 때문이다. 영화는 인간이 만든 것 가운데 참 매력적인 발명품 중 하나이지 않냐.

그러나 나의 바람은 5분 만에 끝이 났다. 영화가 시작되자 너는 바로 울기 시작했고 화면에 눈을 두지 못하고 귀를 막았다. 극장은 집과 다르게 컴컴한 어둠 속에서 이제까지 네가 본 적 없는 아주 큰 화면을 응시하는 구조이다. 너는 무엇보다 집에서는 경험할 수 없는 엄청난 사운드에 놀란 것이다. 내가 총각 때 가장 이해하기 힘들었던 일은 극장에 아이를 데리고 오는 사람들이었다. 일단 복도로 너를 데리고 나왔다. 그대로 포기하기에는 입장료가 아깝기도 했지만 첫 만남에서 실패하면 언제 다시 너를 극장으로 데리고 올 수 있을지 알 수 없었기 때문이다. 너와 영화를 보는 일은 통상 젊은 아빠들이 아들과 처음으로 목욕탕으로 가는 일만큼 나한테는 중요한 미션이었다. 그때 너에게 무슨 이야기를 했는지는 정확하게 기억나지 않는다. 하여간에 너를 설득해서 다시 극장으로 들어갔다. 이 번에는 가운데 자리가 아니라 입구 가까운 가장자리, 다른 관 객들과 좀 떨어진 자리에서 다시 영화를 보기 시작했다.

아빠는 한동안 영화를 보지 않고 너를 보았다. 만약 네가 다시 운다면 영화를 포기하고 극장 문을 나설 생각이었다. 아 빠 손을 꽉 잡고 긴장해서 화면을 보던 네가 서서히 화면과 소 리에 따라 반응하더니 이윽고 아빠 손을 자연스럽게 놓고 영 화라는 것에 빠져들기 시작했다. 마침내 네가 영화와, 극장과 만난 것이다. 이제 너와 영화라는 것에 대해서 이야기할 수 있 게 되었구나. 그것이 왜 중요하냐면 너에게 보여 주고픈 영화 들이 아주 많았기 때문이다. 그것은 아빠의 생각을 보여 줄 수 있는 또 다른 통로이기도 했다. 아빠들은 그런 상상을 한 다. 내가 좋아했던 것을 아이도 좋아할까? 나의 과거가 너의 미래에 한 조각이라도 소용이 될까?

문제는 이후로 네가 저녁에 집에서 비디오를 볼 때에도 꼭 불을 끄라고 해서 좀 불편한 점이 있었다는 정도지만. 같이 했던 순간의 어느 대목에서 나는 그 시절에 함께 보았던 영화 를 생각한다.

〈센과 치히로의 행방불명〉은 광화문 씨네큐브에서 보았지.

그 말은 우리가 부산이 아닌 서울로 거주지를 옮겼다는 소리다. 가족사로 보자면 중요한 변곡점이다. 그 시절에 대한 기억이 그 시절에 보았던 이미지로 치환되는 것이 아주 뜻밖의 일은 아닐 것이다. 네가 어릴 때부터 복사본 CD로 수십 번 보았던 〈원령공주〉는 지금은 사라진 스타식스 정동에서 보았다. 컴퓨터 모니터가 아닌 스크린으로 그 영화를 보는 우리의 자세는 사뭇 경건하기까지 했을 것이다. 그날의 나들이가 생각난다. 정동 성공회성당을 거쳐 시립미술관 정원을 거닐다가 정동 길을 따라 걸었다. 우리는 그때 새로운 가족을 구성한 첫해였고 모두 조금씩 힘들었다. 그때 그 시절 극장에서 영화를 보는 일은 우리 모두가 좋아할 수 있는, 서로 '친해지거나 익숙해지기 위한' 하나의 방법이었다.

네가 〈라이온 킹〉에서 〈크리스마스 악몽〉을 거쳐 〈공각기동대〉와 〈원령공주〉를 지나 프레데릭 백의 〈위대한 강〉에 도달하기 까지 대략 20년이라는 시간이 흘렀다. 제법 긴 시간을 이어 온 놀이에서 아빠는 주류와 비주류 어느 한쪽을 권하지 않았다. 우선은 그 모든 것을 모두 보게 했거나 정보를 제공하는 역할을 했다.

나름으로 정한 하나의 원칙이 있다면 자식에게 '무엇이 되어라.' 하는 부모의 희망을 요구하는 일 따위는 절대 하지 않겠다는 것이었다. 그런데 너에게 슬며시 "영후는 커서 영화감독이 되면 좋겠다."는 이야기를 한 적이 있다. 나는 그런 나의 바람이 대통령이나 판검사, 의사가 되라는 지독한 특명에 비하면 착한 편이었다는 생각을 한다. 그래서 너는 초등학교를 졸업하기 전까지는 영화감독이 되겠다는 이야기를 간혹 했다. 물론 너의 말은 무슨 신념에 찬 이야기는 아니었다. 단지 아빠가 그것을 좋아하는 것 같다는 정치적 판단도 작용을 했을 것이다. 아빠 역시 은연중에 내가 거의 마지막으로 하고 싶었던 일에 대한 미련을 드러낸 것에 다름 아닐 것이다.

산에서 고사리 끊어 먹고 살 것이 아니라면 어차피 도시에서 사는 우리들이 그 모든 것들을 외면하고 살아가는 것은 불가능하다. 그렇다면 오히려 적극적으로 누리는 것이다. 그런 생각은 너에 대한 준비된 '교육 방침' 같은 것은 아니었다. 아주 단순하게는 아빠가 그런 것들을 좋아했다. 네가 기억할 수 있는 애니메이션들은 기술적으로 당대의 가장 탁월한 결과물들이었다. 아빠 역시 시각 디자인이나 영상물 쪽 작업을 하고 있었으니 네가 그런 것을 19금 따위 제한선 없이 접하게 된 것은 당연한 일이다. 좀 더 솔직하거나 냉정하게 생각해 보면, 어차피 나는 그것들을 즐길 것인데 그때 네가 내 옆에 있었다. 분명한 것은 너에게 한글이나 숫자를 가르치는 일보다는 애니메이션이나 영화를 보여 주는 일에 더 집중한 것이 맞다. 한글이나 숫자를 가르치는 일은 나도 귀찮았기 때문이다.

그때 네가 자주 본 비디오 중 하나는, 십 수 편의 오페라 아리아를 역시 십 수 가지 기법으로 제작한 일종의 뮤직비디오 모음 애니메이션이었다. 네가 좋아한 장면은 〈나비 부인〉 중에서 '어느 개인 날'이었다. 아마도 마지막에 자결하는 장면 때문이었을 것이라고 짐작을 한다. 그리고 〈토스카〉 중에서 '별은 빛나건만'도 좋아했다. 《어린 왕자》의 일러스트 같은 분위기 때문이었을 것이다. 물론 너는 여전히 그 오페라를 작곡한 푸치니라는 사람을 모를 것이다. '어느 개인 날'이라는 노래를 아냐고 물으면 모른다고 할 것이다. 그러나 광고에서라도 '어느 개인 날'을 듣게 된다면 "아, 이 노래!"라고 할 것이고 흥얼거릴 수도 있을 것이다. 백 번은 들었기 때문이다. 제목이나 이름을 외우는 것은 중요하지 않다. 그 음악들이, 영상들이 지금의 네 몸을 이루는 마늘이나 양파 같은 역할을 했을 것이다. 그것이면 충분하다. 나는 노는 일이 공부가 될 수 있다는 생각을 하고 있었다. 나 역시 공부가 공부여서 싫었던 사람이다. 어쩌면 그것은 조금 먼 미래에 놀이가 곧 너의 일이 되었으면 하는 바람이었을 것이다.

아빠가 너에게 자주 했던 말은, 네가 어떤 사람이 되면 좋겠다는 희망이나 요구를 담은 것은 아니었다. 내가 너에게 했던 말은 이거였지.

"영후야, 영후는 자라서 하고 싶은 일이 있는 사람이었으면 좋겠다."

의외로 많은 사람들이 막상 하고 싶은 일이 딱히 없다는 사실은 차라리 충격이기까지 하다. 해야 할 일과 하고 싶은 일을 일치시켜 나갈 수 있다면 그 자체로 하나의 축복이다.

돌이켜 생각해 보면 해피밀 세트와 〈쥬라기 공원〉이 전 세계 저소득층 사람들의 건강과 정서에 좋지 않은 영향을 끼친 명백한 잘못은 있지만, 현재 만화를 그리고 있거나 앞으로도 만화를 직업으로 삼겠다는 너의 생각에 적지 않은 영향을 미친 것은 부인할 수 없을 것이다. 물론 의도한 바는 아니다.

이 모든 건 〈스타크래프트〉 때문이다?

영후야, 오늘은 〈스타크래프트〉 또는 게임 이야기를 좀 해야겠다.

너에게 〈스타크래프트〉를 소개한 것은 아빠다. 그것이 잘한 일인지 못한 일인지 따위의 평가는 전혀 중요하지 않다. 너는 어차피 〈스타크래프트〉를 만날 수밖에 없었다. 왜냐하면 이른바 '스타'는, 1999년에 확장팩 '브루드워'가 출시되면서 대한민국에서만 3백만 장 이상 팔려 나간 게임이다. 그 당시엔 잘나가는 게임도 정품 CD 5만 장을 팔기 힘든 시절이었다. 복사하면 되니까. 사실 너의 생일날 선물했던 몇몇 게임들 그거…… 거의 복사판이었다. 껍데기하고 라벨만 컬러로 출력해서 너를 속인 것이다. 어쨌든 1993년에 대한민국에서 태어난 남자 사람이 〈스타크래프트〉를 모르거나 겪지 않고 지금까지 살고 있을 확률은 일본이 독도는 대한민국 땅이라고 선언했는데 대한민국 국민 대다수가 '지당하신 말씀입니다.'라고 대답할 확률보다 열 배 정도 낮다고 보면 된다.

자료를 찾아보니 〈스타크래프트〉는 1998년 IMF 이후 1조 천4백억 원 이상의 경제 효과와 15만 명 이상의 일자리를 만들었다고 한다. 전국의 게임방 개수와 알바 수를 생각해 봐라. 그리고 당시로서는 듣도 보도 못한 '프로게이머'라는 희한한 직업을 만들었다. 마침 스카이라이프 위성 채널이 생겨났고 투니버스에서 처음으로 게임을 중계했다. 뒤에 온게임넷이 등장했다. 서울대학교 나온 전용준 아나운서와 고려대학교 나온 엄재경 아저씨가 극도의 흥분 상태에서 중계를 하곤 했지. 조금 지나서 'e스포츠'라는 낯선 장르로 정리되었다. 당시에는 심지어 넥타이 아저씨들조차 퇴근 후에 술 한잔하고 2차는 맥주가 아니라 PC방으로 몰려가서 '팀플'로 '스타 한판' 하고 집으로 돌아가는 것이 일상적 풍경이었다. 급기야 3박 4일로 PC방에서 온라인 게임하다가 오프라인에서 실제 전사하는 '열혈 플레이어'에 대한 뉴스도 심심찮게 등장했다. 그런 날 〈9시 뉴스〉는 게임 중독에 대해서, 게임 정말 싫어할 것 같이 생긴 아저씨가 나와서 엄숙한 얼굴로 이 상태로 가다가는 나라가 끝장날 것 같다는 내용의 논평을 하곤 했다.

왕따 문제가 심각한 사회적 이슈가 되고 예나 지금이나 군대에서 총기 사고가 발생하면 어김없이 '게임'은 너희들을 '미치게' 만든 주범으로 지목받아서 두들겨 맞아야 했다. 그렇게 심각한 사회악이라면 금지를 시켜도 될 것 같은데 이상하게 아직 사라지지 않는구나.

과거에 아이였으나 지금은 어른이 된 사람들 중 일부는 그렇게 생각하지 않지만 예나 지금이나 게임을 바라보는 대다수 어른들의 시선은 근본적으로 달라지지 않았다. 정확하게는 어른들 중에서도 세상을 움직이는 칼자루를 쥔 세력의 생각은 수십 년 전과 별반 다르지 않다. 게임에 빠진 아이들은 '싹수없는 놈'이라는 인식도 여전하고 어른들이 게임을 하면 '덜떨어진 인간' 취급을 받는 것도 크게 변하지는 않았다. 아이가 공부를 네 시간 연속으로 하고 있으면 방으로 과일이 들어오지만 게임을 두 시간 넘게 하면 주먹이 들어오는 집도 여전히 많다.

열여섯 살 미만의 청소년에게 자정부터 새벽 여섯 시까지 인터넷 게임을 제한한다는 〈셧다운제〉를 시행한 지가 2년이 지났지만 그 효과가 얼마나 엄청난지를 다룬 공식적인 자료를 본 적은 없다. 분명한 것은 이른바 '신데렐라 법'이라 불리는 그 법으로는 부족했는지 2013년부터는 마약, 알코올, 도박에 게임까지를 몽땅 사회악으로 규정한 〈중독법〉을 추진 중이다. 〈중독법〉을 발의한 신의진 의원은, "묻지마 범죄는 게임 중독 때문"이라는 주장을 하고 있다. 인터넷 게임에 중독

돼 현실과 가상 세계를 구분하지 못해서 범죄가 발생한다는 것이다. 유닛 하나 때려잡는 것과 실제 영장류 한 마리 때려잡는 것을 구분하지 못한다는 말이지. 그리고 어떤 조사 방법인지는 모르겠다만 현재 한국 청소년의 10.1%인 68만 명이 게임 중독에 걸려 있다고 한다. 게임을 하다가 자기 캐릭터가 죽으면 스트레스를 엄청 받는데 이때 코르티솔이라는 호르몬이 나와 가지고 식욕이 솟구치는 바람에 비만에 걸리기 쉽다는 보도도 있다.

이제 언론이 사건·사고에 게임 중독이라는 프레임을 얹어서 보도하는 것은 당연한 룰이 되었다. 게임을 바라보는 시선이 〈스타크래프트〉 이전과 이후로 나누어진다고 하지만 그것은 부정할 수 없는 하나의 문화로서, 산업 생산 효과로서 인용하고 분석할 때에만 유효한 것이지, 여전히 아버지가 먼저 아들에게 게임을 권하는 사회적 분위기는 아니다. 이것은 아마도 '게임'이라는 명사가 지닌 한계 때문이기도 할 것이다.

게임 : 규칙을 정해 놓고 승부를 겨루는 놀이.

세월이 꽤 흐른다 해도 '게임=놀이'라는 사전적 뜻은 변하지 않을 것 같다.

사지 절단되고 목이 잘려 나가고 인간이건 다른 종족이건 여하튼 무수히 많은 생명(유닛)들이 죽어 나가는 게임을 부모인 내가 먼저 권해서 지금 네 인생이 꼬였다고 생각한다면 사과할 용의도 있다. 그러나 당시나 지금이나 아빠는 '당대의 문화 현상'을 주목한다. 왜냐하면 우리는 항상 '지금, 여기'를 살고 있기 때문이다. 모든 유행과 경향에 빠져들거나 공감해야 할 필요는 없지만 우리 삶은 그 현상의 영향권 안에서 영위된다. 사회이기 때문이다.

너도 알다시피 아빠는 게임을 하지 않는다. 어른이라 그런 것이 아니라 어린 시절부터 게임을 즐기지 않는 유형의 인간이었던 것이다. 그러나 여전히 요즘 유행하는 게임이 무엇인지, 블로그부터 새로 나오는 SNS 플랫폼까지 본능적으로 주시하고 있다. 〈스타크래프트〉를 처음 보았을 때, 이건 좀 다르다는 느낌을 받았다. 사람과 기계의 대결이 아니었다. 인터넷 망을 통해서 사람과 사람 또는 팀과 팀, 심지어 여러 팀이 동시에 게임을 하면서 의견을 나눌 수 있는 '새로운 도구'를 본 것이다.

인간이 개입하는 많은 영역에서 변화와 발전이라는 것이 이루어진다. 그것이 비약적으로 이루어지는 어떤 시점이 있다. 그런 변화와 발전의 시기에는 그것이 꼭 긍정적인 모습으로만 여겨지는 것은 아니다. 일반적 사고의 전복이 이루어지기 직전이기 때문이다. 새로움의 첫인상은 낯설다. 그런 비약적 변화를 혁명이라고 한다. 어떤 혁명이건 세상은 그 혁명의 전과 후로 새롭게 구분된다. 그리고 그 지점이 새로운 출발점 역할을 한다. 당연히 부정적 요소가 많은 〈스타크래프트〉를 초등학교에도 안 들어간 너에게 권한 것은 내 아들이 이 혁명의 과정에 조금이라도 더 일찍 동참하고 경험하는 것이 전체 인생 스코어에서 유리하겠다는 판단 때문이었다.

우리나라에 〈스타크래프트〉가 출시된 것은 1998년이다. 대한민국이 IMF라는 추운 겨울의 한복판으로 들어간 직후였다. 많은 아빠들이 직장을 잃었다. 숱한 사업체들이 망했다.

그리고 골목에는 우후죽순 '닭집'이 생겼다. 청년들이 취업할 곳은 입구조차 찾기 힘들었다. 결국 가족이라는 단위가 무너지기 시작했다. 남들 직장에서 쫓겨나던 그때 아빠는 난생처음 월급이라는 것을 받는 직장 생활을 1년쯤 했다. 컴퓨터학원 강사였다. 멀티미디어, 웹디자인 같은 말들이 유망한 직종으로 보이기 시작하던 시절이라 그런 것을 가르치는 컴퓨터학원은 그 불안했던 시절에 오히려 호황을 누렸다.

1998년 여름, 부산역 지하도에서 본 한 가족을 잊지 못한다. 당시 부산역은 노숙자들로 넘쳐 나고 있었다. TV에서는 흔들리는 대한민국에 대한 다큐멘터리들이 방영되고 있었다. 밤 10시 마지막 수업을 끝내고 지하철을 타러 지하도를 걷다가, 기다란 통로의 그 조잡한 원색 플라스틱 의자 위에 앉아 있는 한 가족을 보았다. 아빠, 엄마, 아들. 그들은 햇볕이 익숙하지 않은 사람들이었다. 한눈에 그들의 벌건 얼굴이 단 며칠 사이에 볕에 탔기 때문이라는 것을, 그들에게는 어울리지 않는 색이라는 것을 알 수 있었다. 아주 선한 눈과 얼굴들이었다. 프로스펙스 스포츠 가방처럼 생긴 옷 가방을 옆구리에 끼고 지하철이 끊기기를 기다리는 듯했다. 그곳이 그날 밤 그 일가족의 잠자리였을 것이다. 엄마의 표정은 수치스러움과 결심이 교차하고 있었다. 초등 고학년쯤 되어 보이는 아들은 그래도 좀 철이 없었는지 그렇게 절망적인 표정은 아니었다. 아빠는…… 명백하게 조그만 사업이라도 했을 법한 얼굴의 건실한 가장 이미지였다. 아내를 염두에 둔 미안함과 수치심으로 상기된 붉은 얼굴을 하고 있었다. 그때 지하상가 어느 가게에서 〈스타크래프트〉 배경음이 들려왔다. 게임에서는 '무한한 자원(Show me the money)'과 '앞길을 보여 달라.(Black sheep wall)'는 치트 키가 가능했지만 현실에서는 불가능했다.

지금 군대에 있는 너희들 대부분은 그 시기에 〈스타크래프트〉를 만난 세대이지. 그 무렵의 너희들 아버지를 떠올려 보기 바란다. 너희들은 모니터에서 미네랄을 채취했고 어른들은 보이지 않는 미네랄을 찾아 거리를 배회했다. 〈스타크래프트〉의 전성 시절은 역설적이게도 그런 풍경이었다.

대부분의 집에서 컴퓨터를 사용하는 시간에 제한을 두는 것은 결국 게임 시간을 제한하는 것이다. 어른들은 항상 아이들을 걱정한다. 잠시 한눈팔면 잘못된 길로 간다는 것이지. 세상에는 나쁜 것들이 워낙에 많으니까. 지금 군에 있는 너희들 아버지의 연령대는 50대 전후가 가장 많을 것이다. 그 세대가 어렸을 때에는 컴퓨터라는 것이 없었다. 아빠가 처음으로 컴퓨터 비슷한 도구를 다룬 것은 워드프로세서라는 서류 작성 전용 기계였다. 1991년이었다. 그리고 집에 컴퓨터가 처음 들어온 해는 1994년이었다. 내가 서른두 살이었다. 그때나 지금이나 아빠에게 컴퓨터는 '일을 하는 도구'다. 같은 기계라도 세대에 따라 그것을 바라보는 관점은 다를 수밖에 없다.

자신이 어린 시절에 경험하지 못한 도구 앞에 앉아 있는 아이를 바라보는 부모들의 시선은 흔들린다. 게임, 인터넷, 스마트폰에 대한 어른들의 두려움은 '중독'이라는 언어를 동반한다. 사실 따지고 보면 학교에 있는 시간이, 공부한다고, 공부하는 척한다고 책상에 앉아 있는 시간이 제일 길지 않나? 그렇다고 그것에 대해서 학교 중독이나 공부 중독이라는 표현을 쓰지는 않는다.

결국 중독 여부를 판단하는 관건은 자발성이다. 학교나 공부는 너희들 의사와 무관하게 필수 코스로 정해진 생산 라인이다. 다르게 표현하자면 '참아 내어야 하는 시간'은 중독이 아니고 '참지 못하는 시간'은 중독이다. 그래서 어른들은 적정한 '참아 내어야 하는 시간'을 견딘 너희들에게 보상으로 '참지 않아도 되는 시간' 사용권을 제한적으로 공급하는 것이다. 어느 집단이든 숨구멍은 열어 주기 마련이다.

이 방식은 '참아 내는 것=좋은 것, 참지 못하는 것=나쁜 것'이라는 전제가 깔려 있는 것이다. 결국 왜 참아야 하는지, 참지 못하는 것은 왜 좋지 않은 것인지에 대한 설명은 없는 채로 지시대로 따르기만을 강요하는 것이다. 물론 어른들이 말하는 참아야 하는 이유는, "다 너를 위해서 그런 것이다."는 설명이 대세다. 결국 참아야 하는 시간을 참지 못하면 너의 인생은 '쫑' 나게 될 것이란 소리다.

네가 어릴 때 우리 집 역시 컴퓨터 사용 시간이 정해져 있었다. 내 기억으로는 하루 두 시간이었을 것이다. 주말에는 곱빼기, 특별한 날은 하루 종일 사용권 같은 인센티브를 부여했다. 어떤 날은 내게 "이 판 끝나고 꺼도 돼?"라고 물었고 어떤 날은 두 시간이 되기 전에 컴퓨터에서 '아웃' 하기도 했다. 나는 그 시간을 초를 다투어 적용하지는 않았다. 여유롭게 허용했다. 물론 '숙제는 끝내고'라는 조항 같은 것이 따라붙었지만 그 보상으로 컴퓨터 앞에 앉는 것을 허용한 것은 아니다. 아빠 세대가 종이책 속에서 뭔가를 찾았다면 너희들 세대는 모니터에서 뭔가를 찾을 것이라는 생각을 했다. 앞선 세대의 방식이 다음 세대에도 반복되기를 강요하는 것은 어른이라는 기득권 세력의 폭력이다. 결국 모든 세대는 앞선 세대에 저항해 왔다. 소극적으로 보자면 아빠는 그 저항으로 인한 피곤한 마찰을 피하고 싶었는지도 모른다. 생각해 보면 어차피 아빠는 삶의 근본 방향에서 할아버지 말씀을 듣지 않았다.

사실 게임이라는 가상 공간에서 세대는 힘을 합치기도 한다. 서울 시절 아빠 친구 알케미스트 삼촌 기억하니? 너에게 '만렙'의 〈디아블로〉 계정을 준다고 뻥친 삼촌인데. 여하튼 그 아저씨는 방송국PD가 직업이었지만 열렬한 〈디아블로〉 마니아이기도 했지. 어느 날 그 아저씨가 해 준 이야기가 여전히 기억에 남는다.

아시아 서버로 접속해서 언제나처럼 길드원들과 같이 퀘스트로 입장해 가지고 게임을 하는데, 뭐라더라…… 바람의 언덕인가 뭔가 하는 곳에서 쏟아지는 화살에 죽을 지경이 되어 있었대. 그런데 그때 방패로 그 화살을 다 막아 주고 아저씨를 구해 준 팀원을 정모에서 만났는데…… 예쁜 여중생이었다고. 그 이야기를 하면서 알케미스트 삼촌은 눈가가 촉촉해지더라. 그때 느낀 절박함을 아저씨는 1991년 대학 시절 데모 때 최루탄 연기 속에서 자신을 질질 끌어서 피신시킨 어느 여학생 이야기와 오버랩 시키더라. 뒤에 그 여학생과 결혼해서 아들을 낳았지. 그날 길드 정모 햄버거 값은 아저씨가 다 냈대. 생명의 은인 여중생에게는 몇 만 원짜리 아이템도 사 주었다지.

"늙다리가 길드에서 그런 일이라도 해야죠. 사선을 같이 넘은 동지인데."

일상적으로는 마흔 살 정도 된 아저씨와 여중생이 만날 일도 없지만 만났다고 하더라도 할 수 있는 이야기가 뭐가 있을까? 죽을힘을 다해서 공통의 화제를 찾아내었다고 치자. 그 대화는 과연 수평적인 상태에서 이루어질까?

게임 세상은 평등하다. 시간 투자한 만큼 레벨이 오른다. 아이템은 늘고 경험치가 오른다. 오늘은 패배했지만 내일은 이길 수도 있다. 학교에서는 멍한 눈으로 창밖을 바라보는 아이가 밤이면 월드스톤 성채 문을 열고 전혀 다른 세계로 입장해서 바알의 부하들을 모두 처리하고 결국 바알까지 물리친다. 바알은 '똥템'만 남겨 주고 떠나지만 붉은 포탈이 열리고 플레이어는 새로운 칭호를 얻게 된다. 적어도 그 시간 그 공간에서 그 아이는 세상에 대해 우뚝하다. 다른 유저들의 시선을 한몸에 받는다. 현실에서 그 아이가 그런 지위를 누리지 못하고 가상현실 따위에서 누린다고 뭐가 큰 문제란 말인가? 그 아이가 현실을 도피할 것이라고? 그것에 도달하기까지 아이는 무수한 실패를 경험했다. 그러나 현실에서는 실패를 용납하지 않는다. 이번 시험을 망치면, 그 대학을 가지 못하면……

지금 초등학생들의 부모들은 사십대 안팎이다. 그들은 십대 때부터 인터넷을 시작한 우리나라 첫 세대이다. 가장 집중적으로 〈스타크래프트〉에 몰두했던 세대다. 〈스타크래프트〉도, 이제는 '〈스타크래프트〉 현상'이 몰고 온 변화조차도 과거가 되었다.

'테란의 황제' 임요환은 한참 연상의 누나와 결혼을 했다. 임요환에게 '3연벙' 당한 홍진호는 〈더 지니어스〉라는 tvN 프로그램에 간혹 임요환과 함께 출연한다. '푸른 눈의 마법사' 기욤 패트리는 JTBC 〈비정상회담〉이라는 프로그램에 약간 아저씨 같은 사람이 돼서 나오더라. 전설의 '저글링 러시' 국기봉은 이제 네이버 검색에서 국기 계양대보다 못한 대접을 받고 있다. 그는 그렇게 잊혀져 가지만, 그러나 어딘가에서 그의 러시는 계속 되고 있을 것이다. 그들뿐만 아니라 그들을 우상으로 바라보았던 너희들의 러시도 계속될 것이다. 〈스타크 래프트〉 때문에, 게임 때문에 "요즘 군대가 문제"라는 어른들 이나 언론의 소리는 개나 줘 버려라. 그들은 더 근본적인 책임 을 회피하기 위해서 〈스타크래프트〉를 부관참시하고 있는 것 이다.

게임을 즐겼나? 즐겼으면 되었다. 그 속에서 해냈던 종횡무 진 정신으로 현실에서도 실패를 거듭하기 바란다. 실수 없이 성공만 하는 인생이 도대체 가능해? 그건 혹시 정해진 길만 따라서 계속 '참아 내면서' 도달한, 이미 예정되거나 준비된 성공 아냐? 그렇다면 그건 성공이 아니라 '안전' 아닐까.

아빠는 아직도 2005년에 연신내 버스 정류장에서 광화문 나가는 버스를 기다리다가 보았던 광고를 기억한다. 지나가는 버스 옆구리에 걸린 〈월드 오브 워크래프트〉 출시 광고 문구 였다.

마지막으로 모험을 떠나 본 게 언제였나?

혹시 해서 하는 말인데…… 제대하면 제발 게임 좀 그만 해 라이.

첫 담임 선생님, 아빠 그리고 너

영후. 다소 충격적인 서두가 될지 모르겠지만……

너는 공부를 못했다. 아빠는 네가 그리될 것이란 것을 알고 있었다. 오늘 속에 내일이 있는 것이지 느닷없는 내일이란 것은 없다. 지금 내가 살고 있는 모습과 전혀 다른 모습의 미래를 그리며 바라는 것 자체가 웃기는 설정이다. 사람들은, 파란 물감을 휘저으면서 빨간색이 만들어지기를 기대하는 경우가 종종 있다. 적어도 '교육이 아닌 공부'라는 면에서 나는 너에게 그런 황당한 기대를 한 적이 없다. 그리고 그 결과의 원인을 따지자면 8할은 아빠에게 있다.

김경숙 선생님 기억하니? 초등학교 첫 담임 선생님이셨지. 아직 사진이 한 장 있다. 너의 입학식 날 모습이다. 입학식을 끝내고 교실에서 선생님이 너희들에게 인사를 하는 모습이다. 맨 앞줄 창가 끝에 네가 앉아 있다. 너와 친했던 친구는 유진재와 홍수정이었다. 과거의 기록들이 남아 있어 그 이름들이 여전하다. 심지어 그 친구들의 얼굴까지 얼핏 기억이 난다.

초등학교를 입학할 때 너는 한글을 모르는 상태였다. 몇 년 사이 한글을 익히지 않고 입학한 아이는 너뿐이었다는 이야기를 뒤에 들었다. 물론 그런 상황은 전적으로 아빠 때문에 발생했다. 나는 여전히 그 일이 과연 바른 결정이었는지에 대해서 생각한다. 이미 네가 군대에 있는 상황에서 초등학교 입학 당시의 일에 대해 곱씹는 것은 지금의 네 모습을 결정짓는 중요한 한 대목이기 때문이기도 하지만, 간혹 교육이라는 것에 대해서 생각하게 만드는 뉴스 앞에서 그 시절 생각이 나기 때문이다.

아빠는 1970년에 국민학교에 입학했다. 그때 우리들 대부분은 한글을 모르는 상태로 학교에 갔다. 유치원이라는 것은 내 주변 형편으로는 '아주 특별한 아이들'이 다니던 시절이었다. 그래서 학교에 입학하면 첫 수업은 항상 기역 니은 디귿 리을……을 따라 하는 것이었다. 그러나 언젠가부터 학교에서 기역 니은 디귿 리을을 가르치지 않는다는 이야기를 들었다. 입학한 첫날부터 다음날 준비물을 연필로 써야 하니 말이다.

네가 입학하고 며칠 지나서 아빠는 김경숙 선생님에게 장문의 편지를 보냈다. 영후의 학습 상황과 내가 왜 그렇게 하였는지에 대해서 장황하게 적어 보냈다. 한 달 정도 지난 뒤 김경숙 선생님은 집으로 전화를 하셨다. 핵심은 영후가 혹시 엄마와 같이 생활하지 않는 것 아닌가라는 것이었다. 그렇게 즐겁지 않은 질문을 직진해서 물어 오는 것이 시원시원한 느낌이었다. 그런 지점을 자신이 알아야 적절하게 대처할 수 있다고 말씀하셨다. 이후로도 나는 간혹 영후의 상황과 영후에 대한 내 생각을 편지로 보내곤 했다.

입학하고 두세 달 정도 김경숙 선생님은 방과 후에 너만 따로 남겨서 한글 수업을 하셨다. 그때나 지금이나 그런 일은 정말 쉬운 일이 아니다. 부모 입장에서는 그런 장면에서 제법 고민스러워진다. 뭔가를 해 드려야 하나? 그럴 분이 아니니까 저렇게 하실 것인데…… 그때 선생님의 변명은, 어차피 당신 딸이 3학년인데 같이 퇴근해야 하니 시간이 남는다는 말씀이셨다. 상황이 예상치 못한 방향으로 흘러서 한동안 아빠 역시 집에서 너를 옆에 앉히고 속성 한글 교실을 진행해야 했다. 그리고 1학기가 가기 전에 너는 한글을 깨치게 되었다.

2학기가 되었다. 환경 미화 계절이 돌아왔고 아빠는 교실을 꾸밀 수 있는 온갖 재료를 준비해서 학교로 갔다. 너희 반 교실은 다른 반과는 다른 차원의 인테리어를 자랑하게 되었다. 내가 해 드릴 수 있는 손쉬운 서비스였다. 선생님은 그때, 다음 해에 교실을 옮길 때 아빠가 만든 게시물을 떼어 가겠다고 말씀하셨다.

추석이 지나고 아빠는 선생님에게 꽃을 보냈다. 노란색 장미로만 백 송이를 보냈지. 아빠가 이른바 '봉투'를 찔러 넣을 사람도 아니고 식사를 대접하고 싶었지만 괜히 오해를 부를 수 있으니 따로 뭔가 마음을 표현할 수 있는 선물을 하고 싶었다. 아파트 아래 꽃집에서 주문을 하고 오전 수업 시간에 배달해 달라고 부탁을 했다. 그날 수업이 끝나고 김경숙 선생님의 비명 같은 전화를 받았지. 마누라건 '곰신'이건 '여친'이건 엄마건 할머니건 동네 아줌마건 하여간에 꽃을 싫어하는 여자 사람은 없는 듯하다.

문제는 급식 당번이었는데, 두어 번은 할머니가 가셨는데 결국 가을에는 아빠가 학교로 갔다. 이혼율이 겁나게 높은 시대에 아빠들이 급식을 하지 못할 이유도 없다는 생각이 들었다. 그때 너희 반 친구들이 약간 이상하거나 낯설게 나를 보았던 기억이 난다. 2000년 당시로서는 그 모습이 좀 아방가르드했던 모양이다. 그때 알았는데 애들 참 죽어라고 밥을 먹지 않았다. 특히 김치. 여하튼 이래저래 권영후 아빠가 일반적이지 않은 것은 분명한 것 같다. 설사 네가 그로 인해 고통을 겪었다고 하더라도 이미 지난 일인데 어쩌겠냐.

2학년을 맞이하면서 너는 전학을 가야 했다. 4월이었는데 아빠는 영후를 데리고 나오면서 이미 다른 반 담임이셨던 김경숙 선생님 교실을 찾았다. 쉬는 시간에 잠시 선생님과 복도에서 인사를 나누었다. 영후가 전학을 간다고 하자 선생님은 눈물을 흘리시며 영후를 끌어안고 몇 가지 당부의 말씀을 하셨다.

"가끔 찾아 뵙겠습니다."라고 아빠가 말하자 이렇게 말씀하셨지.

"아니요 영후 아버님, 막상 다시 보기는 힘들 것입니다."

이후 선생님 말씀 그대로 다시 선생님을 뵙지 못했다. 그 다음 해에 학교를 옮기셨다고 들었다. 다시 2년 정도 지나서 서울로 거처를 옮길 때, 네 책장에서 〈백합반의 향기로운 친구들〉이라는 1학년 학급 문집을 소중하게 챙겨 왔다. 1학년 겨울방학을 시작할 무렵 네가 가지고 왔던 것이지. 무심결에 책장을 넘기다가 한 명 한 명 아이들의 이름을 부르면서 아이들에 대해 한마디씩 해 주셨던 선생님의 글을 읽고 가슴이 뜨거워졌던 대목이 있다. 영후에 대한 표현이었는데…… 뭐랄까, 어떤 진정성 같은 것이 느껴졌다. 내 새끼라 그런지 다른 아이들에 대한 한마디보다 더 길게 마음을 담아 쓴 것 같은 글이라는 생각이 들었다.

영후야, 선생님은 네 이름을 부르는 것만으로도 가슴이 벅차단다. 네 이름 석 자만 겨우 알고 입학을 했었지. 지금은 어떠니? 이야기책도 줄줄. 읽기 책도 줄줄. 네가 열심히 노력한 결과란 걸 선생님은 안단다. 그리고 마음은 또 얼마나 여리고 착하다고. "선생님이 학교에서는 엄마란다."라고 하는 말 끝에 너는 선생님을 보고 "엄마"라고 불러 주었지. 너의 그 순수한 마음을 선생님은 사랑한다. 그리고 네가 만들 컴퓨터 게임을 기다린단다.

아빠는 지금도 여전히 김경숙 선생님에게 감사한 마음이다. 너에게 아주 소중한 것을 주신 분이다. 이후로 몇 번 너의 담임 선생님들을 만났지만 김경숙 선생님과 지낸 기억만큼 짙은 경험은 없었다. 한 번씩 상상을 한다. 만약에 김경숙 선생님이 아닌, 다른 분을 만났다면 당시 너와 나의 상황이 어떻게 전개되었을까?

자식을 담보로 한 결정을 할 때 부모들은 마음이 복잡하다. 특히 그것이 너의 미래를 결정하는 데 주요한 변수로 작용하는 교육 문제라면 더욱 그렇다. 교육이라고 표현하지만 사실은 공부에 대한 것이다.

교육 : 지식과 기술 따위를 가르치며 인격을 길러 줌.

공부 : 학문이나 기술을 배우고 익힘.

　사전적 정의로는 교육에서 인격을 빼면 공부다. 그런데 통상 '공부 문제'라 하지 않고, '교육 문제', '교육 정책' 따위로 표현한다. 뭐, 인성도 신경을 쓰는 척해야 하니까. 그러니 일단 교육이라고 해 두자. 대한민국에서는 교육이란 것이 남들보다 양으로도 많을수록 좋고, 시기로도 빠를수록 좋다는 인식이 일반적이다. 또는 당연히 그리해야 되는 것으로 여겨진다. 교육에 있어서 '더 많이, 더 빨리' 현상은 해를 거듭할수록 속도를 더해 갔다. 어느 시기부터는 그 경쟁이 속도 제한 없는 아우토반 위의 질주가 되었다. 가진 자들은 지키기 위해 속도를 높였고 없는 자들은 가지고 싶어서 속도를 높였다. 지금 따라잡지 못하면 영원히 레이스에서 이탈할 것 같은 불안감을 느꼈던 것이다. 불안은 항상, 옳고 그름에 대한 판단보다 힘이 강했다.

　서울 시절 첫해에 너의 숙제를 도와주면서 아빠는 초등학교 3학년 수학이 어려웠다. 교과목 이름도 산수에서 수학으로 바뀌었더구나. 워낙에 아빠가 수학을 못하기도 했지만 도형의 변을 계산하는 장면 즈음에서 아빠는 두 손 들었을 것이다. 서울 시절 2년째 되던 4학년 2학기에 마침내 너는 스스로 학원으로 보내 달라고 요청했다. 오후 2시가 지난 동네 놀이터에는 너만 남았기 때문이다. 또래로부터 멀어진 상황을 끝내기 위해 너를 학원으로 보내는 결정을 하면서, 아빠는 병자호란 당시 남한산성을 떠나 한강 삼전도에서 청나라에 신하의 예를 올린 인조 임금의 굴욕감 같은 것을 씹어 삼켰다. 씁쓸했다. 아빠는 정말 '그 미친 속도전'에 동참하기 싫었다.

우스운 일은, 그 무한 경쟁에 뛰어들어 정신없이 달리던 대다수 부모들의 생각도 아빠와 다르지 않았다는 사실이다. 뉴스와 시사 프로그램에서는 미친 교육 열풍을 비판했다. 그리고 그 프로그램의 제작자들인 아빠와 엄마들은 그렇게 번 월급을 아이들 학원비로 쏟아부었다. 퇴근 후 술자리에서 일상에 지친 아빠들은 지난밤의 교육 문제 시사 토론을 두고 열변을 토했지만 아이들 학원비를 버느라 낮 동안은 기꺼이 간과 쓸개를 내어 놓았다. 하루에 서른 마리는 팔아야 손익분기점을 찍는 골목 치킨집 부모들도 하루에 열 마리 정도의 닭을 기꺼이 새끼들 학원비로 떼어 두었다. 열한 마리만 팔린 날도 그 배당은 같았다.

그리고 그 미친 속도전에서 어떤 실탄도 지원받지 못한 아이들 일부는 낡은 오토바이를 개조해서 길거리를 질주했다.

밤거리에는 폭주족이 날아다녔고 늦은 밤 택시에 몸을 실은 술 취한 아빠들과 2년 전에 거래처 부도로 사업을 말아먹은 택시 기사 아저씨는 합심해서 그 아이들을 욕했고 언론은 그런 세상을 취재해서 보도했고 그 보도를 본 사람들은 이구동성으로 교육이 미쳤다고 소리쳤다.

대학 시절, 세상을 바꿔 보겠다고 머리띠 매고 화염병을 던지던 아빠 친구들도 그 반대편에 서 있던 사람들과 별반 다르지 않은 방식으로 아이들을 키웠다. 당시 동네 골목 보습학원의 주역들은 사실 '메인 스트림'에 올라탈 가능성이 희박해진 지식인들이 많았다. 어느 순간부터 아빠는 왜 80년대에 청년이었던 사람들이 자기 신념과 생각대로 살아가지 않는 것인지 이해하기 힘들었다. 세월이 흐르고 사람은 변하기 마련이라는 대답이 고작이라면 남은 세월은 더 한심스럽지 않은가.

너를 두고 내리는 결정 앞에서 흔들림은 없었는가? 당연히 장면 장면에서 갈등했다. 끊임없이 '내 결정은 옳은가?', '나 때문에 아이 인생을 망친다면?' 따위 고민을 했다. 어느 대목에서 항상 너의 의견을 묻고 "네가 결정해라."라고 말했지만 사실 그 방법은 어른들의 위선이다. 너희들이 결정할 수 있는 범위와 환경은 어차피 정해져 있으니까. 너의 미래가 우선이었는지, 아빠의 생각을(사람들은 그것을 개똥철학이라고 한다.) 지키는 것이 우선이었는지 여전히 확신하지 못한다. 이 지점에서 미안하지만 거짓을 말하기는 역시 구차스럽다. 그러나 그 반대편의 결정이었다고 해도 확신하지 못하는 것은 같을 것이다. 부모라는 직업이 그러하다. 분명한 것은 '나'라는 아빠는 아이를 위해서 도시로 가거나 아이를 위해서 시골로 집을 옮기는 결정을 하지 않는다는 것이다. 아빠가 행복하지 않은데 아들이 행복할 수는 없다.

아주 간혹 이런 주제로 사람들과 대화를 하다가 아빠의 이야기를 어처구니없어 하는 사람을 만나기도 했다. 나는 그들의 방식을 비난하지 않았는데, 그들은 내가 그들과 다른 방식이라는 사실만으로 아빠에게 화가 난 것 같았다. 불편해 보였다. 나의 다름은 그 자체로 불편함이었던 모양이다.

사람들은 대화 중에 "좋은 생각이지만 현실적이지 않다."라는 표현을 종종 사용한다. 아빠 생각에 그런 표현은 대단히 웃기는 소리다. 현실적이지 않은 좋은 생각이란 성립 불가능하다. '나는 지금 받아들일 수 없다.'는 표현을 '현실적이지 않다.'고 표현하는 것이다. 그 표현에서 주체로서 '나'는 빠져 있다. 더 나은 현실을 만들 수 있는 하나의 실천 단위인 '나'를 제외하는 것이다. 많은 사람들에게 '현실'이란 것은 다수가 참여하고 있는 주류 시스템이 거의 유일하다.

세상은 성공과 실패로 한 사람의 인생을 규정하고, 성공한 삶의 모습은 대략 돈과 명예 중 하나를 거머쥐거나 가급이면 둘 다 소유한 상태를 말한다. 아빠는 성공을 그렇게 일률적으로 정하는 것에 동의하지 못한다. 어떻게 모든 영화의 결말이 같을 수 있다는 것인지, 정해진 시나리오만 있는 것인지. 세상 일반의 잣대로 보자면 아빠는 성공한 사람이 아니다. 인정한다. 다만 나는 '다른 누군가의 잣대'에 좌우되고 싶지 않았다. 왜 나의 행복을 두고 꼭 누군가와 경쟁을 해야만 하나? 세상에 대해서 완벽하게 독립적인 잣대는 성립 불가능하지만 적어도 행복이라는 모습이 그렇게 협소한 모습일 거라고는 생각하지 않는다.

아빠는 공부를 잘하건 못하건 영후 네가 '지금' 행복해야 된다고 생각했다. 내일 행복하지 못할까 봐 지금의 행복을 유보할 필요는 없다. 행복은 총량제가 아니다. 물론 다른 모습의 행복을 찾기 위해서는 그에 합당한 노력이나 고통을 감수해야 한다.

결국 아빠가 '너의 교육'에서 바란 것은 네 방식의 행복을 찾아 달라는 것이었다. 물론 다른 사람의 방식도 존중하기 바란다. 입학 전에 한글을 가르치지 않은 변명이 좀 길었다.

네가 초등학교 때 아빠 일기 한 대목 내려놓는다.

2005. 10. 20

행복이 만족의 문제인지 부족함의 문제인지 모르겠다. 지리산을 다녀온 저녁, 혼자 받은 밥상 앞에서 만 하루 동안의 '집안 상황 보고'를 들었다. 어머님이 김치를 보내기로 했다, 고춧가루도 올라온다, 멸치도 함께 넣는다더라, 특별한 전화는 없었다……. 그리고 이런 이야기도 있었다. 영후 학교 담임 선생님이 아이들이 떠들고 있는 가운데 한참 동안 창밖을 응시하다가 돌아서서 정색하고 아이들에게 물었단다.

"자신이 행복하다고 생각하는 사람은 손들어 봐라."

느닷없는 진지함에 아이들은 일순간 조용했고(그래도 짐승이 아닌 6학년이라.) 같이 진지해질 수밖에 없었다는데, 놀라운 결과는 딱 한 명만 손을 들었다는 것이다. 마흔 명 좀 못되는 대한민국 초등학교 6학년 어느 교실의 열세 살 아이들 중 단 한 명을 제외하고 스스로 행복하다고 느끼는 아이가 없다는 말이다. 유일하게 손을 든 아이의 아버지인 나는 밥을 먹다가 십삼 초 정도 생각을 했다. 그리고 조갯국을 삼키면서 아내에게 대꾸했다.

"영후가 그리 생각해 주니 고맙네, 짜식 스타 좀 많이 하게 해 줬더니……."

제대하면 그때 왜 손을 들었는지 나에게 이야기해 주면 좋겠다. 공부도 못하는 놈이 왜 행복했는지. 진심이었는지 설정이었는지 솔직하게. 기억 안 난다고 설레발치지 마라.

사춘기, 잔소리, 제프 벡

영후에게.

아빠는 네가 사춘기일 때 함께 지내지 않았다.

너는 2005년 12월 31일 오전 11시 40분 기차를 타기 위해 연신내 집을 나섰다. 그 며칠 전에 이미 우선 입을 옷들은 챙겨서 부산으로 택배를 보냈다. 그 며칠 동안 우리가 한 일 가운데 가장 중요한 것들은 주로 먹는 일이었다. 네가 내려가기 전에 먹고 싶어 하는 것들을 함께 먹는 일. 엥겔지수 90% 가풍의 연속이었다. 너는 딱 3년을 서울에서 살았지. 세 사람이 '연신내 키친'을 이루고 살았다. 주로 즐거웠고 행복했다. 작은 것들에 감사했고 스스로 그렇게 생각하도록 교감했고 교육하기도 했다. 없는 것들이 있는 것들을 기준으로 만족을 평가하는 것은 좋은 방법이 아니라고 생각했기 때문이다. 상대평가는 멀리하고 자아 평가를 중심에 둔 삶을 살았다. 여하튼 객관적으로 풍족하지 않은 식구들이 그러한 정신적인 기준도 없었다면 아마도 심하게 갈등하면서 살았을 것이다. 그 시간들에 감사하고 너의 표현에 의하면 '엄마 2호기'에게도 항상 미안하고 감사하다.

부모의 이혼은 삶의 실타래를 조금은 더 여러 가닥으로 만들어 놓곤 한다. 결과적으로 초등학교 졸업까지는 아빠와 살았고 중학교 생활을 시작하면서부터 너는 '엄마 1호기'와 같이 살게 되었다. 예정된 일이 아니었다. 원래는 2006년에 서울의 우리 세 식구는 지리산 자락 구례로 옮겨 가서 살기로 작정을 한 상태였다. 물론 그 결정은 너를 위한 것은 아니었다. 아빠와 엄마 2호기는 그때까지와는 좀 다른 삶을 살고 싶었다. 따라서 너는 '시골 중학생'이 예정된 수순이었다. 그런 계획을 알게 된 엄마 1호기가 네가 더 크기 전에 같이 살고 싶다는 의사를 전해 왔고 너 역시 아주 빠르게 동의하더라. 비겁한 놈. 역시 너는 버거킹과 극장이 있는 도시에서 계속 살고 싶었던 것이지.

사실 그 결정은 아빠로서는 쉽지 않은 일이었다. 여러 날을 고민했고 할머니와의 전쟁이라는 의례도 치러야 했다. 네가 내려가게 된 것을 알게 된 주변 사람들이 우려와 위로와 격려의 말들을 버무려서 보내 주었지만 나는 막상 몇 개월 동안 머릿속에서 수없이 많은 가상훈련을 마친 상태였다. 마치 언제나처럼 방학을 하고 내려가는 기분으로 너를 보냈다. 개찰

구로 들어가는 너의 엉덩이를 발로 차는 것이 나의 마지막 인사였다.

중학교라는 전혀 다른 집단과 만나는 동시에 사는 곳도 바뀌었으니 너의 열네 번째 봄은 만만치 않았을 것이다. 2006년이나 지금이나 여전히 세상에서 가장 무서운 집단은 중학생들 아니냐. 왕따 문제가 매일 뉴스에 등장하고 교실 붕괴라는 용어가 나오기 시작하던 시절이다. 중학교라는 것은 연고로 보자면 그 마을 초등학교와 연결되어 있고 상대적으로 아는 친구 없고 몸집 작고 서울에서 살다 온 너는 왕따의 대상이 될 가능성이 있다고 생각했다. 그래서 그런 조짐이 보이면 맞서 싸우라는 지령을 내렸다. 결국 그런 상황은 그 집단 안에서 스스로 싸워서 이기지 못하면 극복할 수 없는 일이다.

너 없이 서울에서 시골로 내려온 아빠와 엄마 2호기는 어떠했을까? 아이에 대한 그리움으로 밤마다 울었을 것 같겠지만 사실 정반대였다. 아주 편하더라. 챙길 놈이 없잖아. 반찬 걱정할 일도 없고 더 이상 좋아하지도 않는 닭도리탕을 먹지 않아도 되고 아침에 일찍 일어나야 할 의무 조항도 없고 어디건 가고 싶으면 움직일 수 있고 세상에 그런 해방이 없더라. 그러니까 부모 없는 날 혼자 컴퓨터를 차지한 채, 신발장 위에 치킨 한 마리 값 올려 둔 초등학교 3학년 기분을 상상하면 된다.

그런데 몇 개월 지나지 않아서 부산에서 간혹 전화가 오더구나. 원래 애가 이렇게 말을 듣지 않고 반항적이었냐는 것이지. 안 그런데? 이상하네. 너와 통화를 한다. 여전히 착한데. 얼마 지나지 않아 다시 전화가 온다. 영후가 학교를 가지 않겠다고 한다고. 안 그랬는데? 이상하네. 너와 통화를 한다. 학교에서 뭔 일이 있냐? 따를 당하냐? 엄마 1호기가 너를 콩쥐 취급 하냐? 아니면 내가 그렇게 억압적인 아빠였냐……. 그러다가 불현듯 아, 사춘기!

시작되었구나. 하필 모든 환경이 바뀐 시점에 그날이 오다니. 젠장. 우리 때보다 빠르네. 어쩔 수 없다. 당사자는 모르고 겪어 본 사람은 아는 곤충의 변태 같은 것. 유충에서 성충으로 탈피하기 전 2~3년에 걸친 불완전변태 기간. 불가항력으로 당할 수밖에 없는 일종의 난리 법석. 부모가 시키지 않았는데 새벽에 스스로 팬티 손빨래를 하는 기특한 시기.

자식을 포기한 부모가 아니라면 달래고 협박하는 무한 반복 전쟁을 진행하겠지. 특히 대한민국에서는 중학교와 고등학교 여섯 해 고행 기간 동안 아이들이 가장 많은 잔소리를 듣는 '압제의 밤'이 백야로 이어진다. 하지만 이 전쟁은 종전 시기가 대략 정해져 있는 것이고 시간의 힘을 믿는 수밖에 없다. 그래서 아빠는 너에게 잔소리를 하지 않는 것으로 전략을 수

립했다. 어차피 전선은 나로부터 200km 밖에 있었다. 아빠의 사춘기를 생각해 보면 너의 사춘기도 "이 또한 곧 지나가리라."

아빠의 사춘기도 많이 힘들었다. 왜 중학교 2학년 때 아무도 유혹하지 않았는데 담배 한 갑을 사서 피우기 시작했는지, 왜 고등학교 1학년 1학기에 그렇게 학교를 가지 않았는지, 왜 그렇게 마음에 날이 서 있었는지, 왜 그 모든 나의 행동들이 무섭지 않았는지. 그 모든 현상은 결국 그 3년 정도의 시간이 사춘기였다는 것 말고는 설명이 불가능하다.

특히나 아빠는 너도 알다시피 고등학교 입시에 낙방한 전력이 있지 않냐. 아빠 시절에 공부를 못해서 고등학교에 제때 못 들어간 경우는 수억 마리 정자 가운데 유일한 한 마리가 난자에 '일빠'로 도착할 확률보다 낮은 것이었다. 이른바 고입 재수생. 다른 친구들이 아침 등굣길에 버스 정류장에서 교복을 입고 종종거릴 때 아빠는 긴 머리에 사복을 입고 불량한 눈초리로 세상을 바라보았다. 불량하다기보다는 새끼 쇼펜하우어 '코스프레'였지. 그냥 공부 못하는 것보다는 세상에 대한 반항으로 공부를 거부한 듯 보이는 것이 살짝 멋있지 않겠냐. 아빠는 중학교 2학년 무렵부터 동화가 아닌 어른들의 책을 읽기 시작했고 동시가 아닌 시를 끄적거리기도 했고 수채

화 물감이 아닌 유화 도구를 사서 다락방에서 빈센트 반 고흐의 〈해바라기〉를 모사하기도 했고 팝송을 듣기 시작했고 담배를 피우기 시작했다. 공부는 안 했다.

한 해 늦게 들어간 고등학교에서도 모종의 폭력 사태로 한 달 만에 학교를 옮겨야 했다. 유배를 당하듯이 사는 곳도 옮겼다. 새 학교에서 한 달 정도 지났을 때 아빠는 이미 보름 가까이 결석한 상태였다. 알 수 없는 피부병에 시달렸거든. 신경성 알레르기라고 했다. 혼자 가만히 생각을 하다 보면 온몸에 두드러기가 돋는 것이었다. 큰아빠는 그때 나를 데리고 온천엘 다녔다. 그때부터는 병결로 처리되더라. 얼마 후부터 코피를 쏟기 시작했다. 자는 중에도 베개와 이불이 젖도록 흘렸다. 한 달 정도 그랬다. 의사는 심각한 얼굴로 정신적인 문제라고 설명했다. 그때도 참 바보 같은 설명이라고 생각했다. 그러면 그것이 물리적인 문제겠냐고. 내가 자다가 코를 후볐겠냐고. 그 모든 것은 열병이었다. 엉망진창이었다. 할머니 말씀에 따르자면, "애가 왜 이렇게 되었는지……"였다.

나는 완전히 지쳐 가고 있었다. 완전히 지쳤을 때, 놀랍게도 모든 것을 포기할 수 있었고 아주 편안해졌다. 열병은 1학년 여름방학이 끝날 즈음에 잦아들었다. 내 스스로 위기감을 느꼈고 살아야겠다는 생각이 들었다. 그 여름에 읽은 소설책이 있었다. 레이몽 라디게의《육체의 악마》라는 소설이었다. 작가는 그 소설을 열입곱 살에 발표했다. 그때 내가 한 생각은, "어? 내 나이잖아." 작가는 스무 살에 죽었다. 소설의 내용은 전혀 기억나지 않는데, 서두에 나오는 몇 줄이 나에게 출구가 되었다. 여름 동안 뭔 강가의 배 안에서 하루 한 권의 책을 읽었다는 대목이 나온다. 하루 한 권의 책이라…….

아빠는 그때부터 심하게 책을 읽기 시작했다. 다른 생각을 안 하려고 책을 읽었다. 그로부터 2년 가까운 시간 동안 매일 한 권의 책을 읽었다. 큰아빠의 책장은 지금보다 옛날이 더 풍성하고 다양했다. 그 책장을 갉아먹었다. 도스토옙스키와 미시마 유키오, 황석영과 황순원, 뜻밖에 알퐁스 도데의 몇몇 단편들, 레마르크, 이병주, 김수영의 시와 수필, 김종삼의 시들, 한동안 제임스 조이스의 썰렁함, 김승옥의 처연함에 빠졌고, 그리고 당대에 발표된 거의 모든 단편 소설들을 읽었을 것이다. 지금 나는 사르트르의《구토》가 오바이트에 관한 소설인지 뭔지 모르겠다. 열렬하게 반복해서 읽었던《카라마조프가의 형제들》이 몇 형제인지도 모른다. 토마스 만의 소설이 겁나게 지루했다는 것은 확실한데《마의 산》이라는 그의 대표작에 용이 나오는지 간달프가 나오는지는 아리송하다.

분명한 것은 그 책들이 아빠의 열병을 다스린 약이 되었다는 것이다. 그때는 몰랐다. 그리고 기억나지 않는 그 책갈피들 몇몇 문장과 단어들이 사춘기를 지나는 네게 잔소리를 하지 않아야 한다는 결정을 내리게 했을 것이다. 그래서 아빠의 착 각인지 모르겠지만 나는 너에게 가능하면 아무것도 요구하 지 않으려 했다. 어차피 부모 자식 사이는 채권자와 채무자 관 계는 아니니까.

이건 좀 개입을 해야겠다는 생각이 들 때에는 나도 결국 잔 소리를 몇 번 했을 것이다. 그러나 중학교 시절부터 고등학교 초반까지 가끔 너를 볼 때면 카푸치노를 마시는 법을 알려주 거나 바위가 아닌 로큰롤의 입문서 같은 레드 제플린의 〈스 테어웨이 투 헤븐〉을 소개하거나 우리나라에 산울림이라는 밴드가 있다는 식의 이야기를 해 주었다. 입구를 알려 주자 너는 스스로 알아서 너바나와 RATM을 들었고 신중현을 찾 아내었고 그 길 끝에 장기하가 있다는 것을 알아내었다. 그렇 게 너와 떨어져 산 지 3년 정도 지났을 때 너의 열병도 끝이 났을 것이다. 그렇다. 너희들 역시 거의 대부분은 이후 삶의 에너지가 될 '새로운 먹이'를 먹어 치우면서 그 시기를 견디어 내었거나 즐겼다.

어차피 아빠의 이런 방식도 결국 설교와 잔소리의 설득력 배가를 위한 것이었다. 대등한 관계가 아니면 수평적 대화는 불가능하다. 계급장 떼고 이야기하자고 하지만 계급장은 무 늬가 아닌 문신이라 뗄 수 있는 것이 아니다. 부모가 힘들 때 아이에게 힘들다고 말하는 것, 집안의 상황에 대해 아이의 의 견을 구하는 것, 그 속에서 아이가 자신이 중요한 가족 구성 원이란 의식과 책임감을 느끼도록 하는 것. 그런 전제와 밑바 탕이 유지된다면 '대화'는 가능할 것이다. 그것이 아빠라는 지 위의 정당성을 마련해 주는 것이다. 인생이 교교하기만 할 수 없지만 풍랑 중에도 밤하늘에 달은 여전할 것이다.

2010년 3월 20일 저녁 7시. 우리는 부산도 구례도 아닌 서 울 올림픽공원 홀에 함께 있었다. 제프 벡이 공연을 하는 날 이었다. 설날 전에 너의 전화를 받았다. 제프 벡의 공연이 있 다고. 대한민국에서. 딱 한 번만 공연한다고, 꼭 보고 싶다고.

1984년 겨울. 미대생이었던 아빠는 처음으로 지하 작업실 을 마련했다. 세 사람이 함께 사용하는 작업실이었다. 아르바 이트 하던 학원에서 첫 월급(15만 원이었다.)을 받던 날, 부산 남포동에 있던 음악 감상실 '무아'로 가는 길에 전자 제품 골 목에서 롯데파이오니아 '꼼뻐넌뜨 오디오' 24만 원짜리를 할 부로 질러 버렸다. 가장 저렴한 모델이었다. 당시로서는 마란 쯔 앰프에 보스 스피커 따위를 꿈이나 꿀 수 있었겠나. 오디오 는 며칠 후에 지하 작업실로 배달될 예정이었지만(그때는 바로 배달, 이런 거 없었다.) 아빠는 첫 레코드판을 미리 구입했다. 처음으로 턴테이블에 올려놓고 싶은 곡이 들어 있는 음반이었다.

그것이 바로 제프 벡의 솔로 앨범 〈블로 바이 블로〉였고 여섯 번째 트랙 '코즈 위브 엔디드 애즈 러버스'는 당연히 아빠 '인생의 한 곡'이다. 그 제프 벡이 한국에서 공연을 한다는 소리를 너에게 들었다. 나는 이제 가슴이 뛰지 않는데 너는 그 이름만 들어도 가슴이 뛰었던 모양이다. 티켓을 판매하는 사이트로 검색해 들어가서 잠시 생각했다. 2010-1944=66. 제프 벡이 예순여섯이다. 이 비싼 공연을 아들과 같이 보자.

너는 그날 체인을 단 바지를 입었고 그것이 공연에 임하는 바람직한 자세라고 주장했다. 공연장에서 우리는 약속하지 않은 사람들을 만났다. 서울 시절 자주 어울렸던 '섬' 삼촌과 '고장 난 잠수함' 삼촌 부부. 그 공연을 보지 않으면 안 되는 사람들이 있다.

공연이 시작되고 차례로 곡들이 연주될 때 아빠도 가슴이 좀 뛰었다. 하지만 전반적으로 나는 차분한 상태에서 그냥 음악을 즐겼고 가끔씩 너의 표정을 살폈다. 내가 스무 살 무렵이었다면 아마도 나는 강도짓을 해서라도 표를 구했을 것이다. 느낌이 극대화되는 시기가 있다고 생각한다. 판단하고 평가하지 않는, 그냥 그 자체를 받아들이는. 아빠의 충족감은 너의 뛰는 가슴을 제 시기에 제공해 주는 역할을 하는 것으로 대체되었다. 내가 너라면 지금 어떤 맥박 수일까.

원래 연주 목록에 없었던 '코즈 위브 엔디드 애즈 러버스'를 듣기 위해 관객들은 5분 가까운 기립 박수를 마다하지 않았다. 곧, 80년대 중반 부산 남포동 음악다방 〈무아〉의 어두운 좌석에서 처음 들었던 울음소리 같은 소리가 공연장을 가로질렀고 너도 탄성을 내질렀다. 같은 음악을 두고 세대를 지나 가슴이 시리도록 느낄 수 있다는 것. 무엇인가가 너를 미치게 만드는 것. 하여, 너 역시 그런 무엇을 하나 만들 수 있거나, 또는 미칠 수 있는 그런 인생을 살아간다면, 그러면 된 것 아닌가. 또 그리하여, 나 역시 지금 내가 느끼고 싶은 삶을 찾아, 그런 결정을 내릴 수 있다는 것을 보여 주는 것. 우리가 너희에게 보여 주어야 하는 것은 그런 것 아닌가 싶다. 그 순간, 너는 물론이고 섬 삼촌과 잠수함 삼촌과 아빠는 모두 사춘기였다.

훈훈하게 끝내면 좋겠지만 사춘기 말이 난 김에 이 말은 꼭 하고 싶었다. 너 고1 무렵인가 겨울이었다. 아빠가 표도르 도스토옙스키라는 러시아 작가를 소개하려고 할 때 말이다. 네가 그랬지.

"효도르? 그 사람도 격투기 선수가?"

내 아들이지만 사실 좀 쪽팔렸다. 그리고 다시 2년 정도 지나서 너는 《죄와 벌》을 읽었다. 그때 네가 인상적인 소설이고 재미있게 읽었다고 해서 아빠는 '역시 내 아들'이라고 생각했다. 그런데 그 다음 너의 발언이 역시 문제였다.

"전당포 도끼빵 사건 아이가?"

옆에 다른 사람이 있었다면 내 아들 아니라고 세 번 부인했을 것이다. 어우 무식한 놈. 다른 사람 말 한 줄 내려놓는다.

질병은 이해의 결핍에서 생긴다.

　 - 라다크의 한 의원, 《오래된 미래》 가운데.

투자에 대한 증명, 대학

영후야. 대학 이야기 좀 하자.

네가 고등학교 3학년, 그러고도 거의 5월이 되어서야 대학을 가겠다고 했을 때, 아빠의 첫 반응은, "왜?"라는 외마디소리였을 것이다. 아니, 멀쩡하게 대학 안 가는 암묵적인 모드로 고등학교 2년 정도를 살았는데 고3이 되어서 기습적으로 대학을 가겠다고 하다니? 현실적으로 너는 대학을 가려는 고등학생들의 일상과는 지극히 무관한 평화로운 삶을 살고 있었는데 대학이라니? 그것은 등록금을 준비하지 않아도 된다며 방심하고 있는 부모에 대한 테러 같은 것이었다.

너는 이른바 인문계 고등학교로 진학하지 않았다. 예체능으로 분류되는 디자인 고등학교로 진학했다. 기억하는지 모르겠지만, 중학교를 졸업하고 다들 습관적으로 고등학교를 가는데 꼭 그럴 필요 없다는 말을 했다. 히지만 완전한 자기 의지로 그런 결정을 내리기에 너는 역시 어렸다. 그런 전력 덕분에 어린 시절부터 너의 대학행을 방해한 나쁜 아빠가 아닌가

하는 주변의 의심도 받고 있다. 그러나 그 지점은 나로서는 정말 억울한 이야기다. 세상 어느 아빠가 아들의 대학 진학을 방해하겠냐. 내가 너에게 했던 말은 모든 사람이 꼭 윗학교를 갈 필요는 없다는 일반론을 피력한 것뿐이다. 좀 자주.

결과론적으로 너는 대학을 가지 '못'했다. '가지 않았다'는 말이 좀 더 멋있어 보이겠지만 대학 입시를 두 차례나 치른 너에게 그런 월계관을 씌우는 것은 사후 마사지에 불과하다. 합격했으면 당연히 갔을 것 아닌가? 따라서 너는 대학을 가지 않은 것이 아니라 가지 못한 것이 맞다. 너는 수시 1차에서 오로지 포트폴리오와 면접만으로 평가를 하는 단 하나의 대학만을 고집했다. 다른 가능성을 대비해 어떤 준비도 하지 않았다. 나는 그것이 '더 이상 편할 수 없는 입시 준비'였다고 생각한다. 그리고 너는 미련을 두지 않았다. 아빠 역시 더 이상 준비하지 말자는 의견을 제시했다. 이유도 설명을 했다. 너의 그림과 기존 시스템의 평가 기준은 코드가 전혀 맞지 않았다.

아빠는 대학을 나왔다. 의과대학이 아니라 미술대학이었지만 6년을 다녔다. 다들 여덟 학기 만에 졸업하는데 열두 학기를 다녔지. 계절학기까지 포함하면 열여섯 학기. 공부를 너무 좋아해서 그런 것이 아니라 남들 4년 만에 이수하는 140학점을 따지 못해서 그리 시간이 걸렸다. 일류 대학이라서 그렇게 공부가 힘들었느냐? 물론 아니다. 흔하디 흔한 지방대학 나왔다. 그럼 뭐 했냐? 데모했다. 그러느라 학점이 0점대 방어율을 자랑했다.

변변찮은 대학 생활을 한 아빠가 '내 아들은 반드시 좋은 대학을 보내고 나 같은 삶을 살지 않게 하겠어!'라고 생각하는 것이 일반적인지 모르겠다만 불행인지 다행인지 네 아빠는 그렇게 생각하지 않았다. 아빠도 사실 고등학교 2학년 중반까지는 대학을 가야겠다는 생각이 별로 없는 염세주의자 문학 청년 상태였다.

소설책 읽기와 지도 보기를 좋아했다. 어느 날 대한민국 전도를 살펴보다가 토끼 꼬리에 해당하는 장기곶이라는 바닷가의 등대 표시가 눈에 들어왔다. 지금은 호미곶이라고 부른다. 너도 《식객》 여행 할 때에 가 본 적이 있다. 여하튼 갑자기 단지 그 단순하고 메마른 지도 위의 등대 표시가 눈에 확 들어왔다.

저곳이다. 저곳에서 미술 선생님 같은 거 하면서 평생 책 읽고 소설 쓰면 딱 좋겠다. 미술 선생은 영어나 수학 선생보다는 나른해 보였으니까. 그때 아빠는 등대에 사는 소년과 아버지에 관한 단편소설을 쓰고 있었다. 여러 가지로 딱 맞아 떨어진 것이지. 할머니는 폐인이 될 것 같은 작은 아들을 "너 그림 잘 그렸잖아."라면서 화실로 등 떠밀었고, 거기에 지도 보기 놀이에 빠진 아빠의 대책 없음이 버무려져 미술대학을 가게 된 것이다. 걱정과 낭만과 무지가 만나서 만든 다소 생뚱맞은 결과였지.

대학이라는 곳을 다녀 본 결과 역시 별다른 감흥은 없었다. 정말 내 머리를 '쨍' 하고 깨어나게 하는 그 무엇을 배우고 싶었다만 한 학기 만에 그런 기대를 접었다. 결국 학문적 깨우침도, 젊음의 낭만, 신선한 그 무엇도 느끼지 못했다. 내가 접한 교수들은 얼추 취업을 위한 추천장 한 장을 써 줄 수 있는 면허를 가진 '직장인'에 불과했다. 다만 거기서 친구들을 만났지. 비슷한 생각을 하는 친구들. 한데 그 나이 때 꼭 대학에서만 친구를 사귈 수 있겠냐. 친구의 질? 무슨 질? 같은 방향으로 걸어가고 있다는 안도감 같은 것? 몰려다니면 안심하지. 결국은 정해진 다음 코스로 진행할 수 있는 자격증 하나 취득했다는 정도.

할아버지 시절에는 5% 정도의 사람들이 대학을 갈 수 있었다. 1960년에 대한민국 대학생 수는 대략 10만 8천여 명 정도였지. 개천에서 용 난다는 말이 가능한 시절이었다. 그때는 대학을 우골탑이라고 했다. 자식 등록금 낸다고 그 귀한 소를 팔아야 했다. 그 당시 소는 트랙터이자 콤바인이자 방앗간이었다. 자식 다섯 중에 제일 똑똑한 놈에게 투자를 했다. 나머지 한 명은 고등학교 정도. 나머지 두 명은 중학교. 마지막 한 명은 초등학교 졸. 그래서 대학이라는 것이 귀한 것이었고 대학을 나온 사람은 당연히 대우받았다. '배운 사람'이라고 했다.

그 대신 대표 선수로 대학 간 그 사람은 한집안을 책임져야한다는 암묵적인 의무가 있었다. 너 하나가 우리 집안의 희망이다, 뭐 그런 것이지. 할아버지는 대학을 졸업했다고 주장하셨지만 아빠는 알고 있었다. 등록금이 없어서 결국 중퇴하셨다. 신문기자를 하셨으니 사람들은 대학을 나왔을 것이라 생각했다. 대학을 졸업하셨건 못 하셨건 할아버지는 결국 한집안을 책임지셨다.

아빠 세대 때에는 또래의 35% 정도가 대학을 갔다. 80년대지. 대한민국에서 산업화가 어느 정도 이루어지고 2차 산업, 그러니까 가공 생산 중심의 산업에서 조금 더 고부가가치 기술력이 필요한 종목으로 전환할 무렵이었다. 신발 만들다가 자동차나 TV 만들어 수출해야 했으니까. 만드는 것이 능사가 아니라 개발하고 판매하는 전문가들이 디 많이 필요했다. 게임으로 보자면 다른 퀘스트로 넘어가는 시기였다. 직장의 개수와 종류가 증가했다. 다양한 인력이 필요했고, 대학 숫자와 정원은 당연히 늘었다. 입시생과 부모들이 〈진학〉이라는 잡지를 보기 시작했지. 네 주변 어른들 대부분은 대학을 나왔을 것이다. 그러나 아빠 쪽 사촌과 외가로 범위를 넓히면 절반 정도의 사람들이 대학을 갔다. 아빠 대학 시절에 데모하러 가면 머리띠 맨 사회자가 그랬다. "백만 청년 학도여!" 대략 대한민국 대학생 수가 백만 명이 된 것이다. 그렇다면 너희 또래의 대학 진학률은?

80% 이상이다. 열에 여덟아홉 명은 대학을 간다는 소리다. 옛날에는 대학생이 드물었는데 요즘은 대학생이 당연한 것이다. 할아버지 때로 보자면 중졸, 아빠 때로 보자면 고졸자 비율보다 훨씬 높은 비율로 대학을 가는 것이지. 그래서 네 또래를 보면 어른들이 당연하다는 어투로 "어느 대학?" 하고 묻는 것이다. 최근 대한민국 대학생 수는 대략 320만 명 정도다. 정권에 따라 오르락내리락했지만 2000년 이후로 3백만 명 이상을 유지해 왔다.

도대체 대학은 왜 가는 것이지?

교육이란 결국 생존을 위한 사냥 능력을 훈련하는 일이다. 세상은 성공과 실패로 한 사람의 인생을 규정하고 성공한 삶의 모습은 대략 돈과 명예 중 하나를 거머쥐거나 가급이면 둘 다 소유한 상태를 말한다. 대학은 진리와 이상을 추구하고 탐

구하는데, 우리가 사는 세상에서 진리는 돈이고 이상은 행복이다. 대한민국에서 대학 졸업장은 생존을 위한 입찰에 참여할 수 있는 자격증 같은 것이다.

대학을 나오지 않고는 들어갈 수 없는 일자리가 태반이다. 물론 고졸 학력으로 취업을 못 하는 것은 아니다. 하지만 중요한 것은 임금 격차다. 고졸자 평균 임금을 100으로 했을 때 대졸자 임금은 165 정도다. 들어갈 수 있는 직장과 임금 격차를 보면 왜 대학을 가는 것이 유리한지 명확해진다. 직장을 오래 다닐수록 이 임금 격차는 점점 더 벌어진다. 좋은 대학을 나오면 상대적으로 좋은 일자리 즉, 정규직 확률이 높다.

그런데, 이 입찰권을 따기 위해 치러야 하는 비용을 좀 짚어볼까? 모양이 좀 빠지는 이야기지만 돈 얘기다.

옛날에는 부모 머리카락을 잘라서라도 자식 공부 시킨다는 정신력이 만연했다. 요즘도 대다수 부모들의 기본 입장은 그러한 것으로 알고 있다. 그런데 너도 알다시피 아빠는 헤어스타일이 삭발 아니냐. 더구나 요즘 대학 등록금이 머리카락 잘라서 해결되는 수준도 아니지. 대학 시험 보겠다는 너의 전화를 받고 며칠 후에 아빠가 주변에 이이 대학 보낸 사람들에게 물어본 것은 최근의 입시 경향 및 정보가 아니라, "요즘 등록금 얼마야?"라는 것이었다. 네가 가려던 대학은 물론 반값 등록금 대학이 아니었다. 사립대학은, 그 중에서도 예술대학은 대략 쉽게 말해서 한 학기에 5백만 원 정도로 생각하라더라. 부산에서 고등학교 선생님 하는 지인에게 물어보니 간명하게 설명해 주었다.

"서울 유학이라고 하는데, 1년에 3천 들어간다고 생각하세요. 그게 풍족한 수준이 아니고 그냥 아이가 공부하고 잠자고 밥 먹는 수준이라고 생각하시면 됩니다. 세상이 미쳤죠."

미치는 데 동참하려면 1년에 3천만 원이 필요하다……. 곱하기 4년이면 1억 2천만 원. 이거 어학연수 포함해서 평균 낸 거겠지? 옵션은 별도 비용인가…….

등록금 액수가 가장 높은 나라는 미국이고, 2위가 대한민국이다. 액수 자체가 아니라 실제 본인 부담률로 보자면 대한민국이 당당히 세계 1위다. 미국은 학생의 절반 정도가 공공 지원을 받는다. 대학 재정을 살펴봐도 우리나라는 미국 대학보다 등록금 의존도가 두 배 이상이다. 결국 우리나라는 교육에 대한 책임을 각 개인에게 묻고 있는 것이다. 대학 재정에서 등록금 의존도는 곧 그 나라의 교육철학을 가늠하는 척도라는데 우리는 이 꼴이다.

그래서 대한민국 대학생들은 졸업하고 사회로 첫발을 내

디딜 때 기본적으로 빚을 안고 시작하는 경우가 많다. 대학 졸업자 열 명 가운데 일곱 명은 학자금 대출을 받았다. 이런 청춘들이 안고 있는 빚은 2014년을 기준으로 평균 1445만 원이다. 이 빚을 갚는 데 평균 4년이라는 시간이 걸리고 한 달에 22만 원 정도를 갚는다고 한다. 이들 중 절반은 연체 경험이 있다. 빚이 있으면 아무 일이나 닥치는 대로 하게 되어 있다. 빚 있는 청춘은 꿈을 유보할 수밖에 없다.

이건 어쨌거나 대학이라는 데를 갔을 때 얘기고, 가기 전에 들어가는 돈도 만만치 않다.

18조 6천억 원이라는 숫자는 2013년에 교육부가 발표한 대한민국 연간 사교육 비용이다. 교육부 발표이니 실제로는 이보다 더 많을 것이다. 잘사는 집 20%와 못사는 집 20%의 사교육비는 열 배 정도 차이가 난다. 아빠가 이 대열에 동참했다면 하위 20%의 사교육비 지출에 속했을 것이다. 그리고 투자 대비 수익률이 엄청나게 높은 자식이 바로 내 새끼일 수도 있다는 기대를 품을 것이다. 흔히 하는 말로 대책 없는 희망이더라도 긍정의 힘을 믿는 것이지. 이해된다. 그러나 애처롭다. 솔직하게는 찌질한 전략이라고 본다.

아빠는 자식 교육이라는 포괄적 전선에서 그냥 다른 전략을 선택한 것이다. 그것에 대해 경쟁을 회피하는 것이라고 말한다면 인정하겠다. 그러나 내가 이기기 힘든 게임 방식인데 꼭 참여해야 하나?

결국 대학을 간다는 것은 닥쳐올 미래의 불안감을 극복하기 위한 일종의 투자다. 수익률로 보자면 대단히 공격적인 '묻지마 투자'다. 원금 회수를 보장할 수 없거든. 이 투자의 특징은 투자가 끝난 뒤에도 불안감이 사라지지 않는다는 것이다. 삶은 항상 '다음 불안'이 대기하고 있기 때문이다. 우리 삶에서 궁극적인 불안의 민낯을 대면하는 것은 불가능하다. 또는 그 민낯을 대면하지 않기 위해서 너희들은 투자에 대한 증명을 해야 한다.

할머니 말씀에 의하면, "늦게 철이 드는 아이들이 있어" 네가 제대하면 "정신을 차리고" 대학을 가겠다고 마음먹을 수도 있단다. 할머니의 희망 사항이기도 할 것이다. 손자 손녀를 통틀어 고졸은 현재로서는 네가 유일하니 말이다. 네가 늦게 철들거나 정신을 차리면 우리의 상황은 어떻게 변할까? 네가 대학을 간다면 너의 인생만 변하는 것이 아니다. 아빠의 인생도 변하게 될 것이다.

네가 만약 대학을 간다면 아빠는 지금보다 딱 두 배 더 벌면 된다. 간단한 결론이다. 간단하다는 것이 물론 쉽다는 의미는 아니다. 시골에 살고 있는 늙은 디자이너가 지난 몇 년 동안의 실적보다 두 배 더 높은 매출을 올릴 가능성은? 그것도 1년이 아니라 향후 5년 동안. '가능성 제로'라고 대답하면 인생이 너무 앙상하고, '매우 낮다' 정도가 적절한 대답이겠다.

매출이라는 것은 결심한다고 채워지는 것이 아니다. 이것은 현실의 문제다. 아빠는 평생 영업이라는 것을 하지 않았다. 건방진 을의 자세를 유지하는 것이 기본 방침이었다. 항상 갑들이 아빠를 찾았다. 갑이 찾아온다고 그들이 들고 온 모든 일을 받은 것도 아니다. 액수 불문하고 갑이 마음에 들지 않거나 갑이 의뢰한 일이 나와 맞지 않다고 판단되면 그 일을 거부했다. 그런 경우는 마누라 모르게 처리하는 것이 좋다. 들키면 '직업 윤리 또는 자존감' 같은 골치 아픈 '썰'을 풀고 아주 우울한 표정으로 한 끼 정도 밥을 조금 먹으면 된다. 아빠는 통상 사회적으로 성립 불가능한 '을질'을 했다.

네가 대학을 간다면 나의 이런 을질은 불가능할 것이다. 더 이상 관청과 군수와 공무원과 시골 의원들 면전에 대고 싫은 소리를 하지 못할 것이다. 뻔한 사람들의 주머니를 기웃거리는 일을 마다하지 않을 것이다. 밖에서는 웃음이 헤프고 집에서는 웃지 않는 사람이 될 것이다. 정말 견디기 힘든 일은, 생각한 대로 사는 것이 아니라 사는 대로 생각하게 될 것이라는 사실이다.

물론 할머니를 비롯한 주변의 몇몇 사람들은 네가 제대하면 "정신 차리고" 다시 대학을 준비할 수도 있을 것이라는 기대 아닌 기대를 하는 듯하지만 아빠 생각으로는 그것이 '정신 차린' 결정이라는 확신은 없다. 너는 지금은 만화를 그리겠다는 사람이고 내가 아는 그쪽 동네는 대학을 나오건 나오지 않건 배고프기는 오십보백보다. 그래도 대학에서 뭔가를 배울 수 있지 않을까? 그건 잘 모르겠다. 세상의 많은 대학이 투자 대비 수익률이 그렇게 높지 않은 것이 현실이라 대학에 '습관적 투자'를 하는 일에 대해서 나는 부정적이다. 요즘은 등록금 있으면 대학이라는 것 자체는 어디건 갈 수는 있지 않나? 졸업 이후 별다른 변별력이 없다는 게 문제지만. 무엇보다 네가 혹시나 대한민국 상위 2% 성적을 받아 들고 대학에 입학하더라도 미래에 대한 불안감이 해소되는 것이 아니라 지연시킬 뿐이라는 것을 객관적 현실은 말해 주고 있다.

　그렇다면 다른 전략을 수립하는 것이 현명하다. 모든 사람이 같은 영화를 상영하는 극장 앞에 줄을 서서 기다릴 필요는 없다. 블록버스터 영화만 있는 것이 아니라 독립영화도 있다. 무엇보다 나는 이 문제와 관련해서 너에게 투자한 일이 거의 없으니 투자에 대한 증명을 해 보일 필요도 없다.

　만약 이 모든 '팩트'에도 불구하고 네 스스로의 고민과 판단으로 늦게라도 대학을 가겠다고 결정한다면 아빠는 당연히 그 결정을 존중하고 박수를 쳐 줄 것이다. 그리고 최대한 지원할 것이다. 그러나 그 '최대한'은 내 인생 행로를 수정하지 않는 범주 안에서만 가능하다. 너의 대학도 중요하지만 사춘기 때에나 쉰이 넘은 지금이나 아빠는 아빠의 인생을 유지하는 것이 가장 중요하다. 너무 섭섭하게 생각하지 마라. 권영후 아빠만 유별나거나 이기적인 것이 아니다. 단지 나는 발설을 했을 뿐이다. 세상의 많은 부모들의 속내도 사실은 나와 크게 다르지 않다. 실행하지 못할 뿐이다.

물론 너에게 살짝 미안하긴 하다.

2
식구

근무 중이다. 식간 봉투에 밥을 말아 와서 라면에 말아 먹었다. 배가 부르니 졸음이 몰려왔다. 하지만 난 열두 시간은 더 행정반에 앉아 있어야 한다.

생활관에 돌아와서는 총기를 닦았다. 닦을 때마다 생각하는 건데 이건 깨끗할 수가 없다. 닦을수록 계속 먼지가 묻어난다. 이건 깨끗할 수가 없다고, 망할 고철덩어리.

아빠가 보낸 편지는 어제 받았어. 구례 읍내의 골통 형과 누나들이 멋 대로 잘 살고 있다는 소식은 조금 배가 아팠다.

일병이 되었을 때는 한 사흘 기분이 좋았는데, 변한 게 아무것도 없다 는 걸 금세 알게 되었다. 사실 더 별로였다. 이등병이 이도저도 아닌 병 신이라면 일병은 일만 하는 병신이었어. 어느 정도 아는 게 생기니까 전 보다 일이 더 많아지더라고. 그런데 여전히 모르는 게 많아서 일은 일대 로 하고 욕은 욕대로 먹었다.

일병 초기에는 탄약고에서 경계 근무를 섰어. 이때 정말 힘들고 짜증 났다. 두통이 심해서 쓰러지질 않나, 하반신이 굳더니 움직이질 못하기 도 하고. 평생 겪어 보지도 못한 이상한 현상들이 일어났다. 춘천병원에 서 진단을 받아 봤는데 모르겠다더라. 그래서 정신과 상담을 받았는데 상담원 말로는 스트레스 때문에 그렇게 될 수 있다나. 스트레스……. 아 빠, 지금 내 상황에서 어떻게 스트레스를 안 받겠어. 난 욕 폭격을 맞으 면서 스트레스를 안 받을 정도로 해탈하지 못했다. 그냥 허허, 욕을 하 나 보다 하면서 넘길 수가 없었다.

그러다가 맞후임이 생겼지. 내 맞후임 ○이병은 소대장의 고등학교 후 배인데, 둘 다 태권도 선수였다. 그래서인지 운동부스러운 면이 있으면 서 똘끼도 넘친달까. 만화도 좋아해서 나랑 잘 맞았다. 지금도 친해. 소 대장 말로는 나랑 안 맞을 줄 알았는데 친하게 지내서 의외였다고 하더 라.

한파주의보가 뭔지도 모르는 녀석인데, 나랑은 다르게 활기찬 성격이 거든. 그 무렵에 나는 기가 좀 죽어 있었는데 ○이병은 날생선 같았다. 내가 해 줄 수 있는 한 최대한 잘해 줬지. 더 윗고참들이 ○이병에게 '띨띨이' 주는 걸 나한테 강요하는 분위기였지만, 나는 안 그랬어. 그런 방식은 한심하잖아. 난 '군대 놀이'에 끼고 싶지 않았다.

'마편(마음의 편지)'에 찔렸던 ○상병은 병장이 된 다음 나하고 꽤 친해졌어. "둘이 대화를 좀 더 많이 했다면 좋았겠지만 그러지 못해서 그 꼴이 났던 거다."라고 얘기했더니 ○병장도 고개를 끄덕이더라. 어찌 되었건 선임들과 관계가 좋아진 건 내 군 생활의 평화와 안녕을 위해 좋은 일인 것 같아. 물론 가끔은 욕을 먹었지만 선임들도 예전처럼 되는 건 피곤했는지 심하지는 않다.

어쨌든 아빠, 일말(일병 마지막 호봉) 정도 되니 어느 정도 여유가 생긴다. 중대에서 반 이상이 내 아래고, 상병도 앞두고 있으니 기분이 좋다. 일병 초기에는 진짜 일도 졸라 많이 했는데. 일병이라는 호칭 자체가 뭔가 일하기를 강요당하는 느낌? 최근에 제설 작업을 하면서 빈둥거리고 있는데 막 진급한 ○일병이 와서 묻더라. "저는 언제쯤 그렇게 될 수 있습니까?" 그래서 "너? 음…… 일해!"라고 대답했다. 이병과 마찬가지로 일병은 일병스럽다는 걸 깨달은 순간이었어.

여전히 만렙을 찍어도 계속되는 게임을 하고 있는 기분이지만 지나면 이거 또한 한순간이겠지. 이기자, 악!

p.s. 아빠, 우표 좀 더 보내 줘. 보낼 수 있다면 낙서용 펜이랑 샤프도.

식구 또는 가족, 너라는 나

영후에게.

오늘은 할머니 이야기를 해야겠다. 이 편지는 네 사촌 형 영찬이와 영무에게도 함께 보낸다. 지난 추석에 영찬이나 영무는 집에 왔으니 여름 동안 할머니가 보인 몇몇 행동에 대한 이야기를 들었을 것이라 짐작한다. 에둘러 말할 필요 없이 '혹시 치매가 아닌가?' 하는 의심을 할 만한 이야기들이었다. 지난 6월 작은집 제사 때만 해도 전혀 그런 이야기는 없었는데 큰아빠가 나를 눈짓으로 불러서 들려준 이야기는 가슴이 쿵 하고 내려앉는 소리였다.

몇몇 이야기들 중에서도 여름 어느 날, 김치 재료를 거실에 널어 놓고 두어 시간 동안 김치 담는 법이 생각나지 않아서 멍하게 앉아 계셨다는 소리는 듣는 순간 무슨 결정적인 증거 앞에 할 말을 잊은 범인처럼 다리가 풀렸다. 할머니 연세 금년으로 77세이시다.

명절이 지난 다음, 큰아빠가 부산에 있는 병원 가운데 치매를 잘 보는 가장 큰 곳으로 할머니를 모시고 갔지만 예약부터 원하는 검사까지 한 달 정도 기다려야 했다. 그래서 아빠 선배인 지혜 아빠가 원장으로 있는 서울의 병원으로 바로 진료 예약을 잡았다. 지난 9월 24일에 할머니와 나는 서울에 있었다.

신경과와 정신과 두 곳에서 진료를 받았다. 신경과는 치매를 진단하고 정신과는 우울증을 진단한다. 통상 하루에 끝나기 힘든 진료와 검사를 부산에서 살고 있다는 이유로 오전부터 몇 시간 동안 밀어붙여서 진행했다. MRI 촬영이 끝나고 오후 2시 무렵에 두 과의 소견을 모두 들었다. 신경과에서는 치매 초기 증상이라더라. 가벼운 우울증이 있다는 정신과 소견도 들었다. 두 의사는 모두 할머니의 간략한 인생 스토리와 최근 몇몇 현상들을 기록한 출력물을 진료 기록지 아래에 깔고 있더구나. 내가 하루 전에 병원장을 통해서 전달한 것은 문학이 아닌 '정보' 중심의 글이었다. 그렇게 병원에서 일을 보고 할머니는 서울역에서 부산으로 나는 남부터미널에서 구례로 제각각 내려갔다.

해 질 무렵 서울의 불빛이 하나 둘 켜질 때 빠르게 흘러가는 고속도로 풍경에 머리를 기대었지만 잠은 오지 않았다. 신경과 의사의 말을 거듭 생각하고 해석했다. 담당 의사는 아니지만 역시 신경외과 전공인 원장의 의견도 되씹었다. 설문 방식의 서류와 묻고 답한 내용, MRI 촬영 결과를 두고 진단을 한다. 모니터에 MRI 화면을 띄워 놓고 비교적 상세하게 설명하더라. 시커멓게 나온 부분은 뇌세포가 죽은 것이라고 했다. 다른 장면을 보여 주면서 좌우로 늘어선 해마 부위를 설명했다. 주변으로 역시 까맣게 나온 부분은 죽은 세포라고, 해마라는 놈은 기억력을 담당한다더구나. 할머니 연세에 대면 전반적으로 죽은 뇌세포의 면적이 약간 많다는 것이다. 그러나 서류와 묻고 답하기 검진 결과는 MRI 촬영 결과보다 좋다고 했다.

치매를 여섯 단계로 나눈다고 했다. 5·6단계는 확실한 치매, 1·2단계는 양호한 상태인데 할머니는 3·4단계에 해당하는 치매 초기 증상으로 보인다는 의견이었다. 아주 초기라 일찍 잘 오셨다고 했다. 치매 예방약을 복용하면 대략 일여덟 해쯤 지연시킬 수 있다더라. 나는 '치매인지 아닌지 불확실하군.'이라고 생각했고 할머니는 "아이고 내가 치매네."라고 말씀하셨다. 나는 의사가 의학적·임상적 용어를 사용해서 설명했다고 보았는데 할머니는 치매라는 표현 자체에 무게를 두셨다.

진료 중간에 내려와서 상황을 지켜본 원장은 점심과 커피를 함께하면서 의견을 이야기했다. 그것이 위로의 말씀인지 냉정한 의견인지는 판단할 수 없다만 몇 년 동안 치매에 대한 진단이 너무 남발되고 있다고 했다. 방어적 진단 추세 때문이기도 하고 치매 예방약의 비용과 제약회사와 병원의 관계 같은 구조적 문제도 언급했다. 원장의 의견은 우울증에 무게를 두고 있었다.

"치매 아니야, 외로우신 거라니까."

할머니의 증상에 대한 나의 판단에는 '희망' 또는 '두려움'이 개입해 있을 것이다. 그것을 부인하기는 힘들다. 그럼에도 나는 '전문가 의견'보다 나의 느낌에 디딤발을 두고 있다. 이것은 외과적이거나 내과적인 장면이 아니다. 사람의 머리와 마음에 대한 판단이다. 그것이 우려스러워 미리 한 사람의 인생에 대한 A4 두 장의 요약본을 전달했다. 그러고도 뇌 사진 몇 장과 설문 수십 개, 십여 분의 묻고 답하기로 77년 인생의 '지금'을 판정하는 것을 받아들이기는 어려웠다.

서울에서 구례로 내려오는 세 시간 십 분 동안 내 머리에 머문 생각은 주로 '가족'이었다. 많은 일들이 스쳐 지나갔다. 너희들, 영찬, 영무, 영후에 생각이 많이 머물렀다. 그것은 가족으로서 너희들의 시간이 우리 세대보다 더 많이 남아 있기 때문일 것이다. 예정할 수 없는 제각각의 시간을 소진하고 나면 '우리'는 과거가 될 것이고 '너희'는 여전히 현재일 것이다. 시간은 미래를 향하지만 우리는 할당받은 미래를 과거로 만들어 가고 있다.

순전히 개인적인 생각이지만 나는 우리 가족이 엄청난 고난에 맞서 왔다고 생각하지 않는다. '힘겨움'이란 받아들이는 사람에 따라 무게가 다르니 그러하다. 나는 통상 최선을 구하기보다 최악과 대면하는 것을 막기 위해 노력했다. 이런 태도를 두고 캐나다 사는 고모는 최선을 목표로 할 수도 있지 않느냐는 가벼운 타박을 하기도 했다. 같은 부모에서 생겨났지만 이렇듯 생각을 조직하는 방식 자체가 다르다. 하여간에 나는 우리가 고난의 가족사를 지녔다고 생각하지 않는다. 또는 세상의 모든 가족은 '그 정도 아픔은' 가지고 있다고 생각한다. 그럼에도 '우리 일'이었기에 아프기는 했다.

'가족'이라는 단어를 무게감 있게 받아들이기 시작한 것은 대학 후반기였을 것이다. 나이로는 대략 스물대여섯 무렵이었다. 이미 영후나 영찬이, 영무가 알고 있듯이 나는 일시적 운동권이 아니라 직업 운동권을 지향했다. 그런 불안정한 직장에 다니는 사람들은 역사 공부를 한다. 현대사의 어느 대목을 실감한다는 것은 우리 세대조차 힘들다. 고리타분한 꼰대들이 "옛날에는 말이야."로 시작하는 말씀은 그저 빨리 끝나야 할 잔소리에 불과했다. 영찬이 영무는 알고 있는지 모르겠는데 나는 서류상으로 너희들의 친삼촌이 아니다. 너희들 중

조할아버님의 네 아들 중 둘째 아들에게 양자로 입적되어 있다. 물론 얼굴 한 번 뵌 적 없고 사진 한 장 남아 있지 않은 분이다. 할아버지의 둘째 형님이지. 너희들의 할아버지는 위로 세 형님이 계셨고 당신이 막내였다. 할아버지의 첫째와 둘째 형님은 1953년 전쟁 말미에 빨치산의 총에 맞아 돌아가셨다. 너희들도 몇 번 가 본 적이 있는 선산은 지리산 동쪽 자락이다. 그때 이미 네 형제분은 홀어머니만 계실 때였다. 해질 무렵이었는데 여름 초입이라 마루에서 저녁 밥상을 받다가 일을 당했다고 한다. '산사람'은 양식을 구하러 내려왔을 것이다. 몸을 피했지만 총에 맞았고 둘째는 그 자리에서 장남은 이틀 후에 세상을 떠났다. 우리 집에서 내가 유일하게 양력 생일상을 받는 것은 두 분 중 한 분의 기일과 겹치기 때문이다.

내가 양자라는 처지를 실감한 것은 '부선망독자父先亡獨子' 사유로 현역이 아닌 방위 판정을 받았을 때였다. 나는 그 유명한 전설의 '육방'이다. '앗싸!' 했지. 도시락 싸 다니면서 6개월이면 '빨래 끄읕~'이니까. 어쩌면 그때 내가 '이 집 아들이 아니구나.'라는 사실을 처음 알았다. 또한 나는 대학에서 학점 2.0만 넘기면 등록금이 면제되는 보훈 대상자였다. 그때 '왜?'라는 생각을 했고 집안 이력을 조금씩 알기 시작했을 것이다.

어느 해 추석에 성묘를 갔을 때 내가 별생각 없이 절을 올리던 사람들에 대해서 생각하기 시작했다. 그들이 누워 있는 땅에서 지리산으로 이어지는 능선을 바라보았다. 이태의 《남부군》이라는 책에서 언급되는 이른바 '빨치산 루트'에 해당하는 지명 속에 선산이 있다. 나는 이미 땅에 누운 이들의 핏줄이었지만 내 핏줄에게 방아쇠를 당긴 사람들 이야기에 마음을 두고 있었다. 아이러니였고 비극이었다. 그때, 역사는 책이 아닌 내 몸 속에 있다는 자각을 했다. 그리고 처음으로 '가족'이라는 단어를 마음속으로 받아들였다. 그것은 나의 정체성에 대한 인정이었다. 나는 그들로부터 왔다. 지금의 나는 수백 세대를 이어 온 모든 몸과 마음이 담긴 총합이라고. 내가 소중한 것이 아니라 그 총합이 소중한 것이다. 가족 말이다.

광안리 소방서 아래에서 살던 시절을 기억할 것이다. 2000년 전후다. 너희들의 경험에서 가장 힘들었던 시기였을 것이다. IMF 사태는 우리 집안도 비켜 가지 않았다. 영후의 큰집 그러니까 영찬이 영무 집은 간명하게 정의하자면 그때 도산했다. 영후 큰엄마가 직접 설계했던 언덕배기 그 예쁜 이층집 서재의 책들이 상자 속으로 들어간 시절이다. 큰아빠는 이후로 몇 년간 미국으로 건너갔다. 여기서는 뾰족한 수가 없다고 판단한 것이다. 세 집이 한 집이 되었다. 할머니, 영찬이네, 영후 네가 합가했다. 할아버지는 1996년에 별세하셨으니 그 시절을 겪지 않아서 다행이라는 말씀을 할머니는 자주 하셨다. 큰아빠는 그런 이유로, 나는 이혼을 했기에 변변찮은 살림들을 합쳤다. 그때 초등학생이던 너희들 셋을 돌본 분이 할머니다. 간혹 이어지던 원망과 회한 가득한 할머니 말씀이 싫었겠지만 할머니가 계셨기에 나와 네 큰엄마가 밖으로 나가서 사냥을 할 수 있었다. 고백하자면 버스에서 내려 20분 정도 걸어 올라가야 했던 그 어두컴컴한 언덕길에서 나의 발걸음은 지독히 무거웠다.

나는 기억을 하는데 영찬이 영무도 기억을 하는지 모르겠다. 어느 토요일 오후였다. 삼촌이 느릿하게 언덕길을 오르는데 저기서 아이들이 치고받고 있었다. 너희들이었다. 영무는 옆에 서 있고 영찬이가 어떤 덩치 좋은 녀석을 두들기고 있었다. 아주 제대로 주먹을 날리더라. 그 아이의 엄마가 등장했다. 당연히 두들겨 맞은 아이 엄마는 열 받을 수밖에 없지. 그 아줌마는 분명히 이렇게 말했다.

"니들이 영찬이 영무지? 니들 한두 번도 아니고 유명하더라!"

나는 가해자 집안 대표로서 피해자 집안에 머리를 조아리고 사과할 수밖에 없었다. 그리고 우리는 같이 집으로 걸어 올라갔지. 덩치가 영무를 먼저 건드려서 영찬이가 두들겨 팼다고 변명을 했다. 나는 기분이 좋았다. 앞선 증언에 따르면 너희들이 초범이 아니라는 사실을 알았기 때문이다.

"잘했다. 형제는 그래야 한다. 앞으로도 누가 너희를 건들면 같이 두들겨 패라."

그리고 몇 년간 나는 하나의 명제만 가슴에 품었다.

"포기하지 말자."

아들과 조카는 다르다. 당연히 영찬이 영무는 그때 함께 지내던 내가 그다지 만족스럽지는 않을 것이다. 변명이겠지만 삼촌은 그 시기에 최대한 너희들이 외로움을 느끼지 않도록 나름대로 노력했다. 비록 영찬이가 게임을 멈추지 않아서 컴퓨터 콘센트를 몇 번 뽑은 적은 있지만, 함께해야 할 날은 함께할 수 있도록 항상 달력에 표시를 했다. 너희들 아버지가 자리를 비운 시기에 너희들에게 아버지 노릇을 해야 한다고 생각했다. 할아버지가 그리하셨다. 머리가 크고 난 이후 나는 할아버지와 지독하게 불화했지만 광안리 시절에는 할아버지를 많이 생각했다.

그의 술과 폭력의 근원은 바로 가족이었다. 막내로 태어났지만 홀어머니와 자신의 처와 새끼들, 세상에 없는 두 형님의 유복자 조카 둘과 큰형수를 건사해야 했던 사람이다. 많이 힘들었을 것이다. 무엇보다 그는 외로웠을 것이다. 그는 자신의 상황을 포기하지 않았다. 포기할 수 없는 자신의 처지가 고통스러웠을 것이다. 그 고통이 술주정과 주먹으로 돌출되었을 것이고 그래서 자신의 모든 것을 던진 가족들의 사랑을 받지 못했다.

지금 나는? 할아버지를 단 한 번도 따뜻하게 안아 드리지 못한 것이 가슴에 옹이로 남는다. 나는 할아버지의 화난 얼굴만 보았지 그의 쓸쓸한 뒷모습과 갈라진 가슴을 보지 못했다. 물론 할아버지에게 '사랑한다'는 말 같은 것을 했을 리도 없다. 할아버지가 다시 돌아와 내 앞에 딱 10초만 서 계실 수 있다면 나는 '사랑한다'는 고급 용어보다 이 말을 하고 싶다.

"알고 있습니다. 수고하셨습니다."

가족의 사전적 정의는 이렇다. "주로 부부를 중심으로 한, 친족 관계에 있는 사람들의 집단." 나는 가족이라는 말보다 식구라는 말을 좋아한다.

식구 : 한집에서 함께 살면서 끼니를 같이하는 사람.

ㅁ, 입 구자다. 같은 구멍으로 밥을 먹는 사람들이다. 인류학적으로 최초의 가족이 했던 일은 함께 먹는 일이었다. 食,

먹는다는 행위는 행복을 함께한다는 뜻이다. ㅁ, 너의 구멍이나 내 구멍이 아니라 '우리들의 구멍'이다. 그래서 '집 밥'이다. 그래서 한집안을 이루어 살아가는 '살림'이라고 한다. '가족'은 공간을 함께하고 있다는 전제를 필요로 하지 않는다. 핏줄의 관계망이다. '식구'는 같은 공간 속에 존재해야 한다는 전제가 있다. 쓸데없는 분류지만 우리가 지금 식구로서 밥상에 둘러앉는 일은 한 해에 서너 번 이상 가능하지 않다. 그러나 함께한 밥상에 대한 기억은 수백 번 존재한다. 그 힘으로 '제각각의 객지'에서 살아갈 수 있는 것이다. 우리는 본능적으로 언젠가는 함께 모여 앉을 밥상, '돌아갈 곳'을 염두에 두고 있다. 그곳은 아파트건 다음 달에 이사할 집이건 위치적 좌표가 아니라 마음의 좌표다.

며칠 전에 캐나다 고모와 통화를 했다. 할머니가 그랬다고 한다. 당신 정신이 멀쩡할 때 부탁하는데 나중에 절대 자신을 요양원에 넣지 말라고. 나의 늦은 밤은 고모의 늦은 아침 시간이다. 그런 이야기들을 나누면서 나의 밤과 고모의 아침은 부인할 수 없이 슬펐다. 가족은, 식구는 서로를 포기하지 않는다. 영찬이, 영무, 영후. 할머니를 포기하지 마라. 할머니는 머리가 아닌 마음이 아픈 것이다. 그 치유는 신경과나 정신과 의사가 할 수 없다. 식구만이 할 수 있는 일이다.

p.s.

오늘 이렇게 너희들에게 각 잡고 썰을 푸는 이유는 간단하다. 1주일에 한 번씩 꼭 할머니에게 전화를 드려라. 건성으로 전화 드리지 마라. 오늘 있었던 일, 내일 있을 일을 재잘거려라. 손톱이 손바닥을 파고들더라도 "사랑한다."는 말도 간혹 덧붙인다면 최선이다. 할머니에게 매주 확인하겠다. 물론 나도 매일 전화를 드릴 것이다. 지금까지는? 안 했다 왜!

남자 사람 또는 아버지

영후에게.

진도 앞바다에서 침몰한 세월호 '사건' 앞에서 내 말의 양은 양극단이다. 가슴속에는 수십만 마디의 말이 쏟아져 내리고 있지만 입 밖으로는 한마디도 나오지 못하고 있다. 그것은 어쩌면 배 밖으로 나오지 못하고 있는 아이들의 상황과 같다. 이 글을 쓰는 지금은 배가 침몰한 날로부터 55일째 되는 밤이다. TV속에서 아비들이 오열하고 있다. 어미가 아닌 아비들의 오열은 자체로 익숙하지 않은 울음이다. 그들은 잘 울지 못한다. 평생 울음을 참아야 한다고 훈련받았기 때문이다. 아비들은 자신의 울타리가 깨어져 나갈 때 울음을 운다. 그 울타리는 가족이다. 단지 내가 속해 있는 울타리가 아니라 내가 지켜야 하는 울타리다.

부인할 수 없이, 여전히 핏줄을 이어 가는 일을 강조하는 대한민국 가족제도에서 아버지는 통상 가족의 우두머리 노릇을 한다. 가장이라고 한다. 수많은 세대를 거쳐 이어 온 계통을 잇는 일이다. 가계라고 하지. 유형이건 무형이건 이것을 다음 세대로 이어 주어야 한다. 요즘은 시절이 많이 변했지만 아직은 대한민국에서 결혼한 남자에게는 각인된 의무고 제법 무겁다. 자식을 잘 키우는 일이 중요한 것은 이런 이유에서다. 그런데 그 자식이 어느 날 나보다 먼저 사라졌다면? 수십 일 동안 "먼저 진도 팽목항의 서복현 기자를 연결합니다."라고 시작하는 손석희 앵커의 〈뉴스9〉을 바라보고 있는 것은 가족이라는 울타리가 깨어져 나가는 다른 아비의 고통이 내 일 같기 때문이다.

"아! 과인은 사도세자의 아들이다."

할아버지 영조가 죽고 나서 즉위한 바로 그날 신하들을 모아 놓고 정조가 날린 일성이다. 열한 살에 아버지 사도세자가 뒤주로 들어가는 모습을 보았다. 친할아버지, 외할아버지, 무엇보다 사도세자의 마누라이자 정조의 생모인 혜경궁 홍씨까지 가담한 명백한 세자 살해극이었다. 14년간 하루도 잊지 않고 가슴속에 간직했던 한마디다. 막 즉위한 힘없는 왕이었지만 그 한마디는 켕기는 놈들에겐 눈동자 앞에 정면으로 겨누어진 칼끝 같은 말이었다. 어린 정조는 아버지를 잊지 않았거나 잊을 수 없었다.

생물학적으로 보면 자식은 내 유전자를 물려받은 가장 나를 닮은 존재다. 유전자 검사를 해 보면 금방 부모 자식 사이임을 알 수 있다는 것은 당연한 일이기도 하고 두려운 일이기도 하다. '부자유친'이라는 말도 부모와 자식이 친해야 한다는 의미이기도 하지만 '닮았다'는 의미이기도 하다. '1+1=2'가 아니라 '1+1=새로운1'인 경우가 부모 자식 사이다. 특히 아비가 아들을 바라볼 때 그 느낌은 조금 더 각별한 대목이 있다. 나와는 다르거나 더 나아야 한다는 마음에 다그치며 아이를 키우지만 어느새 예전의 내 방황을 닮아 있다. 그래서 자식을 키우는 일은 아픈 일이기도 하다.

나는 누군가의 아들이기도 하고 누군가의 아버지이기도 하다. 결혼하기 직전까지, 그리고 이후 2년 이상 내가 다짐했던 것은 '나는 아버지가 되지 않겠다.'는 것이었다. 결혼도 생각이 없었고 만약 결혼을 하더라도 자식은 절대 두지 않겠다는 생각이었다. 나는 아버지, 그러니까 네 할아버지와 불화했다. 자식으로서 내가 겪었던 가족이라는 단위, 바라보았던 부부라는 관계를 이해하기 힘들었다. 그런 시절을 살아가는 것보다 혼자 사는 것이 훨씬 속 편한 일이라는 결심은 비교적 공고했다. 그런 생각의 이면에는 나는 '그의 아들'이라는 두려움이 숨어 있었다. 본능적으로 나 또한 '그와 같을 수' 있다는 불안감이 존재했던 것이다. 그래서 그런 일이 실현될 수 있는 가능성의 싹을 잘라 버리는 결정을 스스로 재촉했던 것이다. 사춘기 소년의 발상이 제법 오래 지속되었지만 나는 결국 친구들보다 이른 결혼을 했고 친구들보다 먼저 아이를 낳았다.

고백하건대 네가 네 엄마 뱃속에 자리했다는 사실을 알았을 때 며칠 고민했다. 이미 말한 두려움과 내가 짊어져야 할 책임의 몫이 커지는 일 앞에서 머뭇거렸다. 나는 아버지가 될 자질이 없다는 확신이 있었다. 자유분방했거나 책임이 있는 삶을 거부하고 싶었거나 내 아버지와 같은 아버지가 되고 싶지 않았거나. 그리고 이 이야기는 제법 망설여지는데…….

1991년 4월 어느 날 오전, 결혼을 1주일 정도 앞두고 예비군 훈련이 있었다. 예나 지금이나 예비군 훈련이라는 것은 군대 다음으로 쓸데없는 일이지만, 1991년 그때는 지금은 상상하기 힘든 일일 텐데 예비군 훈련장에서 색다른 장면이 연출되곤 했다. 정관수술이라는 것이 있다. 정자를 실어 나르는 남자의 수도관 중간을 묶어 버리는 수술이다. 남자가 하는 불임수술이다. 지금은 저출산 문제가 사회적 위기를 초래할 시한폭탄으로 째깍이지만 당시는 아이 낳지 말라고 나라에서 권장하던 시절이었다. 항상 예비군 훈련을 시작하기 전에 정관수술을 희망하는 예비군들은 앞으로 나오라고 방송했다. 그러면 그날 예비군 훈련은 빠지는 것이다. 그 수술은 무료였다. 내가 그 대열에 합류할 것이란 상상을 해 본 적이 없었지만 그 날 나는 벌떡 일어섰다. 왜냐하면 나는 곧 결혼을 앞두고 있 었기 때문이다. 결혼 전에 원천적으로 내가 아이를 가질 수 없 게 만들 수 있는 마지막 기회였다.

대략 스무 명 남짓한 예비군들이 적십자사 버스에 올랐다. 예비군 훈련장은 금정산 아래 남산동이었는데 버스는 바닷가 가까운 남천동까지 가더구나. 지금도 있는지 모르겠다. 부산 KBS 앞에 적십자사 건물이 있었다. 볕 좋은 오전이었다. 사 연은 모르겠지만 스무 명 가까운 남자들은 차례차례 바로 옆 에 붙어 있는 수술실로 한 명씩 들어갔다. 수술 시간은 5분 정 도. 부산우유와 삼립빵을 하나씩 주더라. 수술을 마친 사내 들은 '쩍벌' 자세로 어기적거리며 복도를 걸어 나갔다. 가슴이 제법 콩닥거렸다. 결혼을 앞둔 새신랑이 정관수술을 하는 경 우는 그 복도에서 나 이외에는 없을 거였다. 그런데 아빠 차례 딱 두 명 앞에서 오전 순서가 끝이 났다. 점심시간이라고 했 다. 뒷번호들은 점심 먹고 몇 시까지 다시 오라고 하더라. 맥 이 탁 풀렸다. 왜 하필 남천동이었을까.

적십자사에서 10분 걸어가면 아빠가 선배와 함께 운영하던 미술 학원이 있었다. 텅 빈 미술 학원으로 가서 음악을 들었다. 그렇게 점심시간이 지났고 아빠는 적십자사로 돌아가지 않았다. 왜 돌아가지 않았는지 명확한 이유는 모르겠다. 분명한 것은 그 순간 그 결정을 내리고 마음이 편안해졌다는 사실이다. 물론 이후에 그날 빼먹은 훈련을 곱빼기로 받아야 했다. 그날 줄을 설 때 내가 몇 걸음 빨리 걸었다면 영후 너는 세상에 존재할 수 없었다. 물론 나 역시 아버지가 될 수 없었고.

포유류 세계에서 수컷은 부자지간에도 으르렁거린다. 무리에서 쫓아내지. 나 역시 아버지와 대립하면서 내가 남자라는 사실을 인식해 갔다. 어린 시절부터 아버지는 막내인 나를 좋아했다. 네 큰아빠가 받았던 압박은 막내인 나에게는 거의 미치지 않았다. 그런데도 아버지와 단절된 경험이 두 번 있다. 대학 끝 무렵 1년 정도 나는 집을 나가서 생활했다. 발단은 형의 생일날이었다. 생일이라 본가로 조카들을 데리고 온 형의 가족들과 생일상을 차리고 기다리는데 유난히 술을 좋아했던 할아버지는 늦게야 아파트 전체가 울리도록 고함을 지르면서 집으로 돌아왔고 예의 술주정이 시작되었다. 나는 그날 아버지와 심하게 다투었다. 한 해 동안 할아버지와 나는 보지 않았다. 영원히 보지 못할 것 같았다. 1년 후 집으로 찾아가서 머리를 숙이고 있는 나에게 네 할아버지가 건넨 첫마디는 "밥 먹었나."였다. 당신은 굶기를 밥 먹듯이 하면서 부산에서 겨우 대학을 다녔던 사람이다.

인간은 후회를 하지만 같은 잘못을 또 저지른다. 결혼을 하던 해 겨울, 아빠는 다시 할아버지와 크게 다투고 2년 가까이를 의절하고 살았다. 역시 평생을 보지 않을 것 같았던 불화의 시간이었지만 어느 순간 모든 갈등은 종료되었다. 영후 너 때문이다. 2년 만에 뵌 아버지는 노인이 되어 있었다. 내 앞에는 이전과 다르게 약해 보이는 한 노인이 앉아 있었다. 영후 네가 태어나던 날, 막 자정을 넘긴 시간이었는데 전화를 드렸다. 아들이라고 말씀드리자 멀지 않은 병원으로 할머니와 함께 바로 달려오셨다. 간호사가 너를 안고 나오자 제일 먼저 아이의 사지와 손가락 발가락이 열 개씩인지 확인하시고 너의 얼굴을 정면에서 몇 초간 집중해서 바라보시더니 "되었다."고 말씀하셨다. 무엇이 되었다는 것인지 나는 그때 몰랐다. 그 말씀은 나의 임무가 완료되었다는 것이 아니라 당신의 임무가 종료되었다는 의미였을 것이다. 그리고 태어나기 전부터 딸아이일 때와 아들일 때 쓸 이름을 하나씩 준비하셨다면서 '영후'라는 이름을 종이에 남겨 주고 기분 좋은 얼굴로 집으로 돌아가셨다. 그때 나는 아버지가 계셔서 참 좋다는 생각이 처음으로 들었다. 내가 아버지가 된 날에야 처음으로.

돌아가실 무렵 할아버지와 아빠는 어느 때보다 부드러운

관계를 유지했다. 할아버지는 자주 내가 일하던 화실로 오셨고 그때마다 주로는 보신탕을 한 그릇 앞에 놓고 이런저런 이야기를 나누었다. 반문명적이건 미개하건 보신탕은 할아버지와 아빠를 이어 주던 일종의 '소울푸드'였다. 항상 뚜렷한 밥벌이 수단이 없던 나는 부모에게 불안덩어리일 수밖에 없었는데 할아버지는 그때마다 항상 지갑을 끄집어내어 "같이 쓰자."라며 지갑의 돈을 반으로 나누셨다.

마지막으로 할아버지를 뵌 것은 돌아가시기 1주일 전쯤이었다. 그해 봄부터 건강이 좋지 않아 CT 촬영을 하시는 날, 직장이 없어 시간이 많은 막내는 동행을 했다. 아무 이상이 없다는 검진 결과를 받았다. 할아버지와 나는 기분 좋게 역시 보신탕으로 점심을 먹고 헤어졌다. 어쩌면 그 무렵에 나는 아버지가 두렵지 않았다. 부딪히지 않고 받아들일 수 있을 것 같았다. 왜냐하면 그는 약해졌기 때문이다. 그리고 1주일쯤 후에 세상을 떠나셨다. 1996년 8월이었다. 염을 하던 날, 꽁꽁 언 아버지의 발과 다리를 만졌다. 포옹은커녕 생전에 따뜻한 손 한 번 내밀지 못했지. 검정 양복이 아닌 삼베옷을 입은 그 여름 며칠, 거의 탈진하도록 내 몸 안의 수분을 쏟았다.

친구 녀석이 언젠가 같이 차를 타고 가다가 던진 말이 있다. 뜻밖이었던 내 모습에 관한 이야기였다. 첫째는 할아버지가 돌아가시고 내가 많이 울었다는 사실이고, 두 번째는 영후 너에 대한 집착이었다.

"상황이 그렇지 뭐……."

1997년 가을에 나는 친구 녀석의 유리 공장에서 몇 개월 일을 했다. 먹고살기 위해서였다. 몇 년 동안 생존 자체가 다급했던 시절이었다. 겉으로야 사람이 필요하다고 했지만 녀석은 내 사정을 뻔히 아는 터라 무조건 나를 고용한 것이다. 사장 녀석은 현장에 가야 할 때면 주로 나를 데리고 나갔다. 잠시라도 나를 편하게 해 주려는 배려였다. 하루는 주방과 거실 사이에 중문을 설치하러 개인 주택으로 시공을 나갔다. 언제나처럼 공구 통을 들고 목장갑을 뒷주머니에 끼고 활기 발랄하게 그 집으로 들어갔다. 사장이 문을 설치하는 동안 나는 수평을 봐 주고 귀퉁이나 잡아 주는 영락없는 '시다'의 자세를 하고 있었다. 한참 일을 하고 있는데 인기척이 나더니 뭔 소리가 들렸다.

"어머, 교수님!"

나는 그해 봄 학기에 어느 전문대학에서 애니메이션을 강의했다. 놀라서 돌아본 나도, 나를 부른 그 여학생도 다음 상황을 어떻게 풀어야 할지 난감했다. 외출복 차림의 그 학생은 어색한 목례를 남기고 황급히 밖으로 나갔다. 문을 닫고 내려

온 나는 담벼락에 기대어 담배를 피워 물었다. 그때 내 새끼가 보고 싶었다. 그리고 이 모든 것을 참아 내어야 한다고 생각했다. 나는 아버지이기 때문이다. 그리고 내 아버지가 생각났다. 생전에 그렇게 불화했는데 때로 당신이 사무치게 그리운 것은 내가 아버지가 되고 난 다음이었다.

우리 세대는 대부분 '아버지'라고 불렀다. '아빠'라는 호칭은 자체로 어색했다. 그만큼 아버지와 아들은 거리를 두었다. 또는 일정한 거리가 있어야 한다고 했다. 예정된 역할을 위한 수업은 그러해야 한다는 암묵적인 동의 같은 것이었다. 나는 철저하게 네 할아버지와 정반대의 길로 가고 싶었다. 술을 마시지 않겠다는 것, 저녁 약속은 가급이면 하지 않는 것, 남자와 여자의 역할을 구분하지 않겠다는 것……. 지키지 못한 다짐도 있었지만 돈 버는 기계로서의 아버지 역할 같은 것은 애당초 계획에 없었다. 또한 자식 때문에 발목 잡히는 따위의 아버지는 되고 싶지 않았다. 내가 행복하지 않은데 가족이 행복할 리가 없다. 설사 어떤 장면에서 네가 아닌 나의 행복을 중심으로 결정을 하더라도 그것이 결국은 가족 전체의 행복이라고 생각했다. 그리고 그 무엇보다 아들이 싫어하는 아버지이고 싶지 않았다. 물론 세상의 모든 아버지들은 그것을 원치 않는다. 그러나 내 눈에 보이는 많은 아버지들은 세대가 바꿰었지만 여전히 '꼰대'인 경우가 많다. 내가 희망하는 아버지가 되기 위해서 몇 가지 전제가 필요했다.

첫째, 내 아들을 다른 아이와 비교하지 않겠다는 것이었다.

두 번째는, "나는 옛날에 그러했다."는 표현을 하지 않겠다는 것이었다.

세 번째는, 내 아들이 나를 위해서 뭔가를 증명해야 한다는 부담을 주지 않겠다는 것이었다.

완벽하진 않겠지만 이런 다짐들이 너와 보내는 일상에서 하나의 습관이 될 수 있도록 내 스스로를 다스렸다. 할아버지 세대는 전쟁과 가난으로 삶이 고생스러웠다. 그 보답으로 아빠 세대는 항상 뭔가를 증명해야 했다. 증명하지 못함은 기대에 미치지 못하는 것이었고 그것은 곧 실패로 여겨졌다. 나 역시 그것이 싫었으니 내 아들에게 그것을 요구하지 않는 것은 당연한 일이다. 여기까지로 보자면 내 이런 생각과 결정들이 제법 괜찮아 보일 수도 있지만 사실은 그것이 바로 네 아버지라는 사람의 본성이기도 하다. 어쩌면 나는 내가 부담스럽지 않은 방식을 택한 것이다. 너에게 보여 줄 모범 따위에 집착하지 않아도 되었기 때문이다. 세월이 흘렀고 나는 할아버지와는 다른 유형의 아버지라는 확신이 있었다.

2년 전에, 너도 잘 아는 지혜 아빠와 상담을 했다. 그때 나는 정신적으로 힘들었다. 지인이 아닌 신경정신과 의사로서 지혜 아빠는 그날 내 고민을 듣고는 엉뚱하게 아버지에 대한 나의 기억을 물어왔다. 밤새도록 내 입에서 아버지와 가족사에 대한 이야기를 뱉어내게 만들었다. 내가 새벽에 들은 이야기는 나로서는 받아들이기 힘든 결론이었다.

"당신은 당신 아버지와 똑같다."

다음 날 점심 무렵에 예정에도 없이 할아버지 산소로 차를 몰았다. 그냥 그렇게 아버지 무덤을 손으로 한번 쓰다듬어 보고 돌아왔다. 내가 당신이라는군요……. 부인하지 않기로 했다. 담배 하나 바람에 재가 되는 시간 정도 머물다가 집으로 돌아왔다. 그리고 편했다.

혼자 살아가는 것도 나름의 재미와 장점이 있을 것이다. 무엇보다 책임으로부터 많이 자유로울 것이다. 하나를 얻으면 하나를 잃는 것이 인생의 이치인데 아버지가 된다는 것은 백만 세대를 지나도 일정하게 스스로를 희생할 수밖에 없는 일이다. 그리고 다른 무엇을 얻는다. 그것은 전혀 다른 느낌의 '새로운 소유'인데 이상하게 때로 떨치고 싶지만 절대 손에서 놓지 못하는 이타적 소유욕이다. 팽목항에 우두커니 서서 바다를 바라보고 있는 저 아비들이, 지금 내 새끼가 돌아올 수만 있다면 기꺼이 스스로 저 바다를 향해 활짝 웃으면서 걸어

들어갈 수 있는 그런 역할이다. 나를 버리고 너를 얻는 이상한 소유욕이다.

세월이 흐를수록 대한민국에서는 아비가 자식을 책임지는 시간이 길어지고 있다. 나는 그 일반적 추세와 나를 견주지는 않을 것이다. 내가 내 아들을 타인의 아들과 비교하지 않듯 너 역시 나를 다른 아빠와 비교하지 않기 바란다. 네 인생은 이미 충분히 네 몫이다.

우연히 들여다 본 네 전화기에 입력된 나의 이름은 '멋진 아빠'였다. '꼰대', '변태', '대마왕', '악마', '그 새끼'로 저장되어 있지 않아서 사실 마음이 제법 뿌듯했다. 네 핸드폰에 입력된 내 이름이 바뀌지 않도록 노력하겠다.

나는 권영후의 아빠다.

여자 사람 또는 엄마

영후에게.

11월이다. 그곳에 눈이 내리기 시작할 시기다. 내년 봄까지 내가 그곳으로 너를 보러 가는 일은 힘들 것이다. 나는 정말 매일 너를 보러 가고 싶지만 화천의 눈이란 것이 나의 이런 진심을 가로막는구나. 진짜다.

할머니가 입원을 하셨다. 지난 월요일이니 11월 10일이다. 원래는 이번 주에 부산을 가려고 했다. 최근에 할머니와 통화를 하면서, 10월 22일 서울에서 처방받아 온 우울증과 치매 예방 약을 드시지 않고 계시다는 사실을 알았기 때문이다. 분명히 약을 드시고 기분도 자는 것도 조금 더 나아지셨다고 스스로 말씀하셨고 네 큰엄마도 그리 전했다. 그런데 할머니 마음대로 약을 끊어 버리신 것이다. 더구나 그 약을 버리셨다고 하시더라.

할머니께 아빠는 진즉 '화를 내지 않는다.'는 방침을 정해 놓았다. 그 방침을 지난 10년 넘게 거의 그대로 지켜 왔다. 그러나 그날은 통화 말미에 약간 화를 내었다. 그래서 처방과 약 문제를 풀어 보려 부산행을 예정했다. 그런데 할머니가 갑작스럽게 입원하시는 바람에 부산행이 당겨졌다.

할머니 집에서 가까운 큰 병원은 남산동에 있다. 주차동과 병동이 완전히 따로 설계되어 환자가 다니기에 구조가 아주 불편한 병원이다. 이전에 이 동네 어느 인테리어 업체에 곁방살이 사무실 생활을 몇 개월 했다. 그때 네가 그 사무실에 와서 처음으로 〈스타크래프트〉를 만났지. 기억하기는 힘들 것이다. 그게 이미 16년 전이다. 병원이 높은 언덕 위에 있고 병실이 11층이라, 이전에는 익숙했지만 지금은 낯선, 도시의 거리를 내려다보았다. 도시의 부피는 10여 년 전보다 더 커졌더라. 있던 집을 허물고 더 크고 높게 짓는가 하면, 없던 건물이 생기고 도로도 더 넓어졌다. 먼 산으로는 대학처럼 생긴 건물들이 낯설게 늘어서 있었다. 확장하지 않으면 소멸할 수밖에 없는 것이 도시의 운명이다. 금정산의 단풍은 붉었다. 지리산 자락에서도 그냥 지나쳤던 단풍이 도시 먼 산으로부터 내 눈으로 달려오더라. 병실로 들어서기 전에 잠시 그 산을 바라보았다.

처음에는 단순히 기력이 떨어진 탓이라고 생각했다만 입원하고 하루가 지나 몇 가지 검사 결과가 나왔는데 신우신염이라는 병이었다. 신장 쪽에 염증이 생긴 것이다. 쉽게 생각해서 소변기 계통이 문제다. 화요일 점심 무렵 아빠가 막 도착했을 때 마침 왜 입원을 했어야 했는지 원인이 밝혀진 것이다. 막연한 기력 저하가 아니라 뚜렷한 병명이 나와서 차라리 다행이라는 생각이 들었다. 지난 주말부터 갑작스럽게 기력이 떨어진 할머니를 보살핀다고 파김치가 된 네 큰엄마를 보내고 할머니와 병실에 남았다. 할머니가 양쪽 무릎에 인공관절을 넣으신 것이 지난 2004년이니 10년 만에 할머니 병실에서 다시 잠을 청하게 되었다. 혼자 화장실을 가실 수 있는 상황이면 아빠도 온천장 집으로 가서 잠을 청해도 되겠지만 누군가 할머니를 부축해야 하는 형편이라 부산에 있는 동안은 병원에서 머물러야 했다.

2인실이라 병실은 조용했다. 사실 대부분 다인실에 입원을 하지만 너도 알다시피 할머니가 좀 까다롭지. 어른들은 이런 장면에서 대부분 비용을 생각한다만, 정신적 피로감과 경제적 피로감 중에서 아빠는 대부분 경제적 피로감을 선택하곤 했다.

화요일 밤은 많이 힘들었다.

점심 식사를 거의 하지 않으셨고 저녁도 싫다고 하셔서 저녁 밥상을 미루어 두었다. 한기가 드신대서 이불을 하나 더 덮어 드렸다. 간호사를 불러서 체온을 재었다. 37.2℃. 신우신염의 증상 중 오한과 발열도 포함된다고 했다. 잠시 전화기에 한눈을 팔고 있는데 "쿵!" 소리가 나서 화들짝 고개를 들어 보니 할머니가 침대 아래로 떨어지셨다. 침대 옆 난간을 올려 두지 않은 것이다. 화장실을 가시려고 했는지 몸부림치다가 옆으로 굴렀는지조차 모른다. 여하튼 황급하게 머리부터 살펴보고 팔다리를 움직여 보았다. 일단은 별다른 이상은 없어 보였다. 문제는 그 다음이었다. 할머니를 침상으로 올려야 하는데 완전히 병실 바닥에 들러붙은 형국이었다. 아빠 혼자 힘으로는 아무리 애를 써도 할머니 상반신조차 일으켜 세울 수 없었다. 할머니가 손을 저었고 그냥 그렇게 있었다. 20분 정도가 흘렀을 거다. 옆 침대의 천식 아주머니는 간호사를 부르라고 몇 번 말씀하셨지만 일단 그냥 그렇게 있었다. 마침 링거를 보러 온 간호사의 도움을 받아 침대로 옮길 수 있었다. 힘이 아니라 요령이 있더구나. 허리춤을 잡고 올리는 것이었다. 그렇게 아등바등 할머니를 누이고는 간병인 의자에 뻗어 버렸다.

한숨을 돌리고 할머니를 살펴보니 환자복 하의가 모두 젖은 상태였다. 소변을 보신 것이다. 짐작에 아마도 화장실을 가려고 움직이시다가 침대에서 떨어진 모양이었다. 일단 침대와 할머니 속옷 따위를 처리해야 했다. 침대 시트를 모두 걷어 내고 새것을 받아 왔다. 문제는 속옷이었다. 아들이지만 할머니 속옷을 입혀 드린 적은 없다. 옆 침대의 아주머니는 "아들인데 뭐 어때!"라고 말씀하셨지만 할머니는 눈을 가리고 계셨다. 분명히 잠이 드신 것은 아니었다. 간호사실에서 기저귀를 하나 가지고 왔다. 속옷은 입히지 말고 당분간 기저귀를 채우라고 말했다. 아빠가 제법 넉살은 있는 편이라 짐짓 소리를 크게 해서, "저 눈 감고 있어요오." 하면서 할머니 엉덩이 아래로 힘들게 기저귀를 깔고 앞과 뒤를 감싸 올렸다. 영후 너 기저귀를 갈아 본 이후 처음이다. 그리고 아빠는 봤다. 늙고 볼품없는 할머니의 사타구니를. 아빠는 그곳을 통해서 세상으로 나왔다. 눈물이 왈칵 쏟아졌다. 살아 있음에, 존재는 자체로 누추하거나 비루하다. 그녀가 느꼈을 그 감정을 삼켰다.

할머니는 다시 어린아이가 되었다. 52년 전, 아빠에게 천 기저귀를 갈아 주던 일흔일곱 해를 산 여인에게 아빠가 기저귀를 갈아 주었다. 그 여인은 너의 할머니고 아빠의 엄마다.

한 시간 정도 푸닥거리를 했을 것이다. 할머니 어깨를 한번 토닥여 주고 병원 로비 편의점으로 기저귀를 사러 내려갔다. 아주 긴 시간이 흐른 듯했다. 담배 연기를 최대한 길게 밤하늘로 날려 보냈다. 도시는 담배 피우기도 힘들구나.

긴 밤이 지났다. 거의 한 시간 간격으로 잠이 깨는 상황이었다.

새벽 4시 반에 할머니가 침대에서 내려오시려고 한다. 얼결에 일어나 부축을 했다.

"왜?"

"목욕 갈란다."

할머니는 새벽이면 집 앞 녹천탕을 가셨지. 지금 계신 곳이 어딘지 모르신다는 소리다.

"엄마, 여기 병원이야."

"병원?"

화장실로 부축해서 가는데 선 자리에서 구토를 하신다. 녹색이다. 지난밤에 아무것도 드시지 않은 할머니에게 먹고 싶다는 말만 듣고 녹차 아이스크림을 사 드린 것이 역시 탈이다. 왜 그 비싼 아이스크림 있잖아, 하겐다즌가 하는 거. 그것을 좋아하셨지. 명절이나 할아버지 기일에 아빠가 부산에 가면 냉동실에 몇 개씩 넣어 드리곤 했다. 당뇨가 있지만 그래도 아주 달지는 않다는 핑계로. 사실은 드시고 싶은 것을 무작정 참느라 스트레스 받으시는 것보다 간혹 아빠 핑계로 드시라고 그렇게 하는 거다.

"니 형이 그거 나 몰래 꺼내 먹는다."

"장남이 그거 하나 먹는데 뭐."

녹색으로 물든 할머니 환자복 상의를 갈아 입혔다. 기저귀
도 다시 갈아야 했다.

"나이 칠십일곱에 내 꼴이 이게……."

"엄마, 요즘 아무리 오래 산다고들 해도 칠십일곱이 적은
연세는 아니에요. 이럴 수 있어요."

다시 마음 상해 하셨지만 지쳤는지 이내 잠이 드셨다. 아빠
도 6시 무렵에 간호사가 올 때까지 쪽잠이 들었다. 6시 38분.
할머니 몸을 일으키고, 침대 테이블을 올렸다.

"소쿠리에 쑥 뜯어 논 거 같다. 헛 기 보인다."

팔을 올려 둔 테이블을 멍하니 내려다보시며 혼잣말을 하
신다. 새벽부터 공간과 상황, 꿈이 혼재되어 있는 소리를 뇌셨
지. 비교적 평화로운 일상에서 갑자기 전쟁터로 나와서 첫 새
벽을 맞이한 기분이다. 커피가 고팠다.

아침 9시가 되어서 로비의 커피점 문이 열렸다. 아메리카노
한 잔을 시켰다. 다행히 에스프레소 기계로 뽑아서 내려 주더
라. 미리 커피메이커로 내려 둔 커피는 영혼 없는 시커먼 물이
다. 샷을 추가했다. 먹어 보나 마나 내 입에는 싱거울 것이기
때문이다. 평소 구례에서 우리가 먹는 커피가 제법 양질의 커
피라는 사실을 이렇게 밖에서 커피를 마시면서 깨닫곤 한다.
그래도 커피가 있는 병원의 아침은 지난밤보다는 희망적이었

다. 로비에 잔잔한 음악이 흘렀고 교대 근무를 위해 출퇴근하는 병원 월급쟁이들이 분주했고 부은 눈의 보호자들 몇 명이 새집 지은 머리를 하고 병원 밖으로 나서더라. 사실 별 일 아닌 입원이라 생각했기에 가급이면 하루 머물고 구례로 돌아갈 생각이었는데 아무래도 하루는 더 있어야겠다는 결정을 했다. 몇몇 곳에 문자를 보냈다. 아빠가 얼핏 보면 한가해 보이겠지만 예정에 없이 하루 넘게 자리를 비우는 일이 쉽지는 않다. 커피를 들고 다시 병실로 올라갔다.

적지 않은 양의 약을 드셔야 하니 싫다고 해도 아예 빈속에 약을 드시게 할 수는 없었다. 점심은 복국을 청하셨다. 복국을 미끼로 물에 만 밥을 두어 술 억지로 먹였다. 기록 병이 있는 아빠는 상황을 핸드폰으로 계속 기록했다.

"감자 했나?"

"예?"

"감자 심었냐고."

"엄니하고 나하고?" (10월 12일 오전 10시 15분)

"밤이가? 하루 지났나? 초저녁이가?" (오전 10시 25분)

"내가 그만큼 토했지. 묵은 거 없제…… 벨 기 다 보이고…….

조금 전에도 아버지가 두루마기 입고……. 우리 집에 따라

온 머시마 없나? 파란 옷 입고."

"꿈을 꾸셨네."

"어. 인자 안 보이네."(오전 10시 45분)

간호사실에 점심은 들이지 말라고 일러두고 복국을 사러
내려갔다. 복국을 좋아하시지. 입원이 아니었다면 할머니를
모시고 경주 즈음까지 드라이브를 하거나 하룻밤 묵고 돌아
오거나 할 생각이었다. 그동안 그런 적이 단 한 번도 없었다.
여행을 가면 왜 우울증과 치매 예방 약을 드셔야 하는지 설득
도 할 요량이었다. 경주로 간다면 저녁은 오류항 참가자미 집
에서 회를, 아침은 감포 은정횟집에서 활 복국을 대접하면 좋
아하실 것이라는 생각을 했다. 그러나 지금은 병원 옆 그렇고
그런, 포장이 되는 복국집에서 국을 사 들고 병실로 향한다.
수육은 입도 대지 않으셨다. 국물에 밥만 두어 술 말아서 드
셨다. 정말 입맛이 없으신 모양이다. 자리를 길게 비울 수 있는
상황이 아니라 아빠는 거의 그대로 남은 복국으로 점심을 해
결했다.

수요일은 거의 하루 종일 분 단위도 아닌 10초 단위로 잠이

들었다 깼다 하셨다. 나도 꾸벅꾸벅 졸면서 할머니를 보았다. 단추를 잠그다가 잠이 드셨고 화장실에서 소변을 누다가 잠이 드셨고 밥숟가락을 들고 잠이 드셨고 휠체어 산책 중에도 잠이 드셨고 답을 하시다가도 잠이 드셨다. 상태가 이상하다는 생각이 들었다. 여전히 당신 방에 계시는 거라고 여기신다. 오후 회진 때에 레지던트인 듯한 활발한 성격의 의사와 복도에서 제법 길게 이야기를 나누었다. 낮에 찍어 둔 동영상을 보여 주며 대화를 시작했다. 의사의 첫 반응은?

"이거 아이폰 식스예요?"

"네? 예. 일단 동영상 좀 보면서……."

아빠는 계속 정신적인 문제가 이어지는 것인지 아니면 어젯밤 침대에서 떨어진 것 때문에 문제가 생겼는지를 물었고, 의사는 그런 연관 증상은 아니라는 설명을 비교적 상세하게 했다. 그러나 이상한 것은 이상한 것이다.

고모에게 화요일 저녁부터 계속 메일을 보내며 이곳의 상황을 알렸다. 냉정한 스타일이라 최근에 '정 없는 년'으로 찍혔지만 이런 때에는 아들보다는 딸이 곁에 있다면 훨씬 힘이 될 것인데 캐나다는 이곳과 시차가 열 시간이다.

11월 13일 오후 5시에 간병하시는 분이 정확하게 도착했다. 아빠가 계속 있을 수는 없는 노릇이었다. 여전히 정신이 오락

가락하시고 기력이 형편없는 상황이라 구례로 돌아가는 길이 편하지는 않겠지만 대부분의 산목숨은 내일 일용할 양식을 사냥해야 하는 운명이라 무작정 아픈 사람 곁을 지키고 있을 수는 없다. 사흘 만에 시동을 걸고 낯설고 복잡한 도시의 밤거리를 빠져나오느라 약간 힘들었다. 잇새로 신음 소리가 새어 나왔다. 나도 힘들었던 모양이다.

엄마. 일본 사람들은 '마마'라고 소리한다. 중국 사람들은 '마'라고 부른다. 영어권에서는 '마마', '머더'라고 한다. 스페인 사람들도 '마마', 프랑스 사람들은 '마망', 베트남 사람들은 '매', 러시아에서도 '마마' 아니면 '마마치카'라고 부른다. 분명한 것은 지구 곳곳에서 엄마를 부르는 소리는 비슷하거나 같다. 가끔 그 이유가 궁금했다. 그냥 최초의 울음소리와 연관이 있을 것이라 짐작한다.

간혹 내셔널지오그래픽 채널 같은 것을 보다가 그런 생각을 한다. 아프리카에서 누 새끼는 태어나서 몇 시간 만에 일어서서 걷는다. 아니면 죽으니까.

직립보행은 머리 무게를 감당할 수 있는 진화적 선택이었겠지만 스스로 생존하기까지 참 많은 시간이 필요하다는 단점이 있다. 두 발로 서서 살아가면서 여성 인간의 골반은 좁아졌다. 따라서 출산의 고통이 극심해졌지. 아기의 머리가 더 커지기 전에 출산을 할 수밖에 없다. 쉽게 말해서 인간은 스스로 생존할 수 없는 상태로 세상 밖으로 나오는 진화적 선택을 한 것이다. 그래서 인간의 아기는 오랫동안 보살펴야 한다. 다른 포유류와 달리 수컷과 암컷이 긴 시간 협력해야 한다. 결혼이 란 형식은 그래서 생겨났을 것이다. 인간에게 '부모'라는 개념 과 형식은 그래서 다른 포유류보다 훨씬 복잡하다.

생명이 왜 존재하는 것인지 모르겠다. 그것은 '왜 사나?'라 는 질문의 근원이기도 하다. 살아야겠다는 나의 의지는 왜 생 겨나는 것인지 따위의 질문들. 과학적으로는 우리 의지가 스 스로 그런 것이 아니라 생명체를 구성하는 DNA 자체의 본성 이 그러하다는 것이다. 냉정하게 우리는 DNA를 복제하는 도 구에 불과하다. 존재하고 싶어 하는 것. 그것이 생명이다.

그러나 우리의 삶은 이런 단정적 개념 규정만으로는 설명할 수 없는 복잡한 감정으로 이루어져 있다. 사람의 도리에 관한 오래된 말씀들이 이어져 온 것도 인간계를 유지하기 위한 장 치일 것이다. 그 도리 중에 항상 손꼽히는 개념이 부모와 자식 에 관한 것이다. 효라고 한다. 인륜이라는 무서운 개념으로 규 정한다. 마땅히 지켜야 한다는 것이지. 지키지 못하면 패륜으 로 규정하고 사회적으로 매장당하거나 지탄받는다. 얼마나 지 키기 힘들면 그렇게 강하게 규정했을까.

의리.

아빠가 겨우 2박 3일 동안 할머니 기저귀를 갈면서 든 생각은 의리다. 지금까지 내 생명을 유지하게 한 가장 결정적인 보살핌을 주었던 사람, 엄마. 막 태어나서부터 직립하고 스스로 생존할 만큼 자랄 때까지 나를 돌본 사람. 간명하게 정의하자면 내 생명의 은인, 엄마.

세상의 모든 엄마는 세상 모든 새끼들 생명의 은인이다. 그녀가 늙어 간다. 직립이 힘들고 스스로 생각하기 힘든 연대로 진입하려고 한다. 나는 의리를 지켜야 한다. 그러나 며칠이 아닌 긴 시간 동안 그녀를 보살펴 줄 수 있느냐고 묻는다면, 내가 세상에 나와 직립하기까지 통상 1년, 스스로 생각하고 움직이는 데 통상 5년 이상. 이제 내가 그녀에게 딱 그 시간만큼 의리를 지킬 수 있냐고 묻는다면…….

자신이 없다. 그래서 슬프다.

일요일 저녁 무렵에 병원으로 전화를 드렸다. 병원 생활 1주일째다. 식사는 하셨는지, 거동은 좀 나아지셨는지 하는 것들을 하루 두 번 전화로 묻는다. 목소리가 어제보다 맑고 이야기 앞뒤가 잘 들어맞는다. 낮에 영무가 곰국을 들고 할머니를 찾아갔다고 한다.

"제가 화요일이나 수요일에 다시 내려갈 겁니다."

"머할라꼬 와. 안 와도 된다."

확실하게 좀 나으신 모양이다. 오지 마라는 말씀을 하시는 것을 보니. 이르면 화요일, 늦어도 수요일에는 아빠가 부산으로 가서 할머니를 퇴원시킬 것이다. 내 생명의 은인이니까. 그리고 내 아들이 나를 보고 있으니 그리해야 한다. 결국은 나를 위한 것이다.

재산으로서의 집, 기억으로서의 집

영후에게.

우리는, 또는 나는 아직 집이 없다. 아빠는 어쩌면 평생 재
산세라는 것을 내지 못할 수도 있다. 재산세는 자신이 소유한
땅이나 집이 있어야 낼 수 있는 세금이다. 많은 사람들이 납부
하기를 원하는, 그것도 가급이면 많이 내기를 원하는 거의 유
일한 세금이다. 대한민국에서 자기 집을 소유하고 있는 사람
은 열에 여섯 명 조금 못 된다. 집이 모자라나? 103% 가까운
주택 보급률이다. 집이 필요한 가구 수보다 지어진 집의 수가
더 많다. 그러나 아빠는 집이 없다.

초등학교에 입학할 무렵 아빠는 부산 전포동 철길 아래 마
을에서 살았다. 집주인 성이 모씨였다고 기억한다. 대문을 들
어서면 본채에 집주인이 살고 있었고 안쪽으로 우리 식구가
세 들어 살았다. 그때 우리 집은 할머니, 그러니까 네 증조할
머니가 계셨다. 3대가 같이 살았다. 그 집 마당에는 오래된 무
화과나무가 있었다. 아빠 또래였던 주인집 아들과 그 나무에

올라가서 놀곤 했다. 우리가 세 들어 살던 두 칸 방 옆의 창고 모양 별채에는 출입구를 달리하는 작은 인쇄소 같은 곳이 있었다. 그곳에서 나오는 파지를 얻어서 그림을 많이 그렸다. 그 집을 비교적 소상하게 기억하는 것은, 어렸지만 세입자의 서러움 같은 것을 몇 번 느꼈기 때문일 것이다.

그 시절에는 TV가 드물었다. 흑백 TV 시절이다. 당시 프로 레슬링은 지금으로 보자면 4년마다 열리는 월드컵보다 더 인기가 많았다. 김일이 일본 선수들에게 박치기를 날리면 온 국민이 진정으로 열광해서 뒤집어지던 시절이었다. 〈여로〉라는 드라마도 대단한 화제였다. 저녁밥 지어 먹고 난 즈음에 드라마가 시작되었다. 그러면 가까이에 하나밖에 없었던 TV를 보려고 우리는 물론이고 이웃집 사람들까지 모씨 집 본채 마루로 모였다. 그런 저녁에 또래의 모씨 집 아들은 괜히 TV를 막아서는 따위 유세를 떨곤 했다. TV 동냥질하던 어른들도 그럴 때는 딱히 아이를 나무랄 수 없었다. 그냥 속으로 삭이지.

아이들이라 나와 모씨 집 아들은 간혹 싸웠다. 그러다가 기운이 달리던 내가 모씨 집 아들을 물어 버린 사건이 발생했다. 어른들 싸움으로 번졌다. 사글세의 서러움이 겹쳐졌다. 그리고 얼마 지나지 않아 할아버지는 첫 '내 집'을 지었다. 지금 생각해 보면 여력이 되어서 집을 지었겠지만 당시에 네 할머니께서 말씀하시기를 "더러워서 내 집을" 마련하기로 작정하고 지은 첫 '우리 집'이었다. 그 겨울에 할머니는 매일 버스를 타고 양정동 산 꼭지 집 짓는 현장으로 출근하다시피 하셨다. 거의 산과 맞닿은 꼭대기 벽돌 양옥집에서 10년을 살았을 것이다. 그 집에서 네 증조할머니가 세상을 떠나셨고, 나는 다락방에서 손바닥만 한 문고판 고흐 화집을 보고 처음으로 유화를 그렸다. 중학교 2학년 때였다. 그리고 몇 번 더 이사를 했지만 큰아빠와 고모가 시집 장가를 가면서 하나둘 집을 떠나기 시작했으니 가족 공동의 기억이 담긴 집은 양정동 산 꼭지 그 집을 마지막으로 생각해도 될 듯하다.

아빠는 결혼하고 꼬박 5년 반 가까운 시간 동안 일곱 번 이사를 다녔다. 한곳에서 1년을 채 머무르지 못했던 것이다. 물론 가장 큰 이유는 경제적인 것이었다. 최종 기착지는 본가였다. 할아버지가 세상을 떠나신 다음이었고 네 엄마 1호기와 아빠가 헤어진 무렵이다. 그곳에서 너는 유치원을 다니고 초등학교에 들어갔다. 아마도 네 기억 속에 남아 있을 것이라 생각한다. 그냥 전형적인 대단지 아파트였다.

나는 어린 시절부터 집 없이 살게 될 것이라는 막연한 생각을 했다. 뚜렷한 이유 없이 그럴 것이라 여겼다. 아마도 그것은 내가 경제적으로 잘살지는 못할 것이라는 예감 때문이기도 했고 경제적인 풍요로움에 그다지 큰 비중을 두지 않았던 성향 탓이기도 할 것이다. 화가는 당연히 가난할 것이라고 예정을 한 것이다. 가난을 목표로 두었다고 한다면 거짓이거나 이상한 노릇이지만 나는 가난이라는 불편을 비관적으로 생각하지 않았다. 그러나 그런 생각은 절박한 가난을 경험하지 않았기 때문에 생긴 막연한 생각이었다. 정말 가난한 사람들이 듣는다면 화가 나는 그런 소리.

어찌 되었건 나는 지금 내가 필요로 하는 돈을 마련하고, 지금 필요한 곳에 그것을 사용하고, 내일 움직일 여력이 남는다면 만족했다. 그리고 그런 시간들이 지속되면서 그 방식에 익숙해졌다. 그렇게 순탄한 생활이 아니었다는 것은 명백한 것 같다. 그렇다고 아주 파란만장한 삶도 아니었다. 흔히들 겪는 그런저런 삶의 어려움에 마주해 왔을 뿐이다. 나는 나보다 훨씬 좋은 여건에 놓인 사람들과 나를 비교하기보다 TV에나 나오는 특이한 어려움을 겪는 사람들을 보면서 '나는 천운을 타고났군.' 하고 생각했다. 이것은 천성인 듯하다. 하지만 어쩔 수 없이 사람인지라 세월이 흘러갈수록 간혹 단순한 풍요로움을 갈망하곤 한다.

혹자는 결혼하면 철이 들 것이다, 세상을 살아가는 방식이 변할 것이다, 하고 말했지만 아빠는 그렇게 변하지 않았다. 어느 선배는 아이가 태어난 순간 정신이 번쩍 들더라고 말을 했는데, 나는 영후 네가 태어났을 때도 삶의 형식에 관한 진지한 성찰이나 획기적 변화의 필요성을 느끼지 못했다. 포괄적으로는 여전히 동일한 사고방식 안에 머물고 있는 듯하다. 기본적으로 대한민국에서 집을 마련하기 위해 사람들이 들이는 노력과 희생은 비정상적인 것이라고 생각했다. 그것이 소박한 집이라도 그것을 이루기 위해 너무 많은 것을 포기하는 것 같았다. 무엇보다 그런 일은 지속적인 전투력을 필요로 하는 일이다. 나는 인생이란 것이 끝없는 전쟁 상태이기를 원치 않았다. 그렇다면 정말 집을 원하지 않은 것인가? 내가 알기로 세상에 그런 사람은 없다. 아빠도 집이 있었으면 좋겠다.

2001년 여름이었을 것이다.

해운대 달맞이고개에 작은 거처를 마련한 오랜 친구의 집들이가 있었다. 원룸형으로 열 평이 조금 넘는 집이었는데 햇볕이 잘 들었다. 베란다에서 내려다보면 오른쪽으로 해운대 미포가 보이고, 왼쪽으로는 청사포였다. 청사포까지 느긋하게 걸으면 15분쯤 걸렸지. 그 언덕은 어쩌면 부산에서 아빠가 가장 좋아하는 장소일 것이다.

그날 그 아파트 베란다에서 나도 집을 가지고 싶다는 생각을 했다. 태어나서 그때까지 살았던 도시에서 내가 가장 좋아하는 마을에 이런 조그만 아파트 하나 마련해서 가족을 이루고 살 수 있다면 참 좋겠다고. 해질녘이면 걸어서 청사포로 산책을 나갈 것이다. 가능하면 천천히 그 완만한 언덕을 넘어 갑자기 다가오는 바다를 받아들이고 매일 그 표정을 바꾸는 바다를 보며 오래도록 거닐 것이다. 봄이 오면 기장으로 가는 시외버스를 타고 멸치회를 사러 갈 것이다. 싱싱한 멸치를 사다가 저녁이면 된장을 듬뿍 풀어 넣은 멸치찌개와 풋풋한 상추쌈으로 밥상을 준비할 것이다……

원래 그런 식의 상상을 거의 하지 않는데 그날은 그랬다. 햇볕이 너무 좋아서일 수도 있지만 아마도 그때 상황이 아주 힘들었기 때문일 것이다. 할머니는 수십 년 동안 사시던 집을 포기하고 광안리 꼭대기 전셋집으로 옮겨야 했고 우리는 모두 그 집에 모여서 살았다. 해운대 사무실의 월세와 관리비가 힘겨워 허덕였고 같이 일하는 후배들의 월급을 챙겨 주지 못해서 그들의 눈을 정면으로 보지 못하던 시절이었다. 가진 것이 없을 뿐만 아니라 갚아야 할 것이 잔뜩 밀려 있었고, 나는 열흘 동안 사냥에 실패한 짐승의 허기보다 더한 조바심으로 입술이 타 들어갔다. 그날 친구의 조그만 아파트 베란다에서 아빠는 짧지만 강하게 '나도 집이 있으면 좋겠다.'는 생각을 했다.

2002년 1월 어느 날 오후. 서울로 이삿짐을 보내고 마지막으로 해운대 바닷가에 엄마 2호기와 자판기 커피를 뽑아서 잠시 앉았다. 조금 더 늙어서는 다시 이곳으로 돌아와서 살 수 있도록 하자고 말했다. 가능하면 작은 아파트라도 하나 마련해서 말이다. 그것은 강력한 의지를 표명하는 수준이 아니라 그냥 그리되었으면 좋겠다는 담담한 의사 표현과 같은 것이었다. 아주 힘든 일일까? 그것이 내가 감히 표현해서는 안 되는, 인간의 기본적인 탐욕을 넘어선 욕심일까? 작은 소망을 이루고 나면 더 큰 소망을 이루기 위해 나 역시 더 집착하게 될까? 그러나 이후 서울 시절에도, 지금 살고 있는 지리산 서쪽 구례에서도, 아빠는 여전히 집을 마련하자는 구체적 목표 같은 것을 정하지 않고 있다.

할머니가 못마땅해하시더라도 아빠는 부인할 수 없이 '재산으로서의 집'에 대한 거부감이 있다.

집의 사전적 정의는 "사람이나 동물이 추위, 더위, 비바람 따위를 막고 그 속에 들어 살기 위하여 지은 건물"이다. 이것은 변치 않는 개념이다. 기본이자 근본이다. 나는 정신이건 물질이건 그것이 생겨난 근본 이유가 있을 것이고 그 이유에 충실한 모습을 좋아한다. 아주 소극적으로 접근하자면 집이란 것은 '몸 피할 수 있는 구조물'이다. 따라서 집에 대한 최초의 소유욕은 생존을 위한 필요 때문에 생겨났을 것이다. 어떤 개인이 필요에 따라 큰 집을 가지건 작은 집을 가지건 그것은 전혀 문제될 것이 없다. 다만, 필요 이상의 소유는 누군가의 결핍을 부른다. 물질은 대부분 지속 가능하지 않기 때문이다. 더구나 당대 사람들만을 위한 것도 아니다. 더해서 자신의 핏줄만을 위한 것도 아니다.

지금 대통령의 아버지가 대통령을 하던 시절에는 어쩌면 집을 향한 사람들의 소유욕이 기본에 충실한 욕망이었다. 땅을 바라보는 농부의 욕망을 닮아 있었다. 착한 욕망이었다. 그러나 이후로 집은 필요 이상으로 재산을 부풀리기 위한 도구가 되었다. 단지 지니고 있다는 이유만으로 이익을 남길 수 있다. 재화는 변함이 없는데 가치가 상승한 것이다. 마르크스적 관점으로 해석하자면 잉여가치다. 잉여가치 창출이 자본주의가 추구하는 핵심 가치 중 하나이니 그것에 대해서 시비를 거는 것은 세상의 근본 방향에 대한 시비가 맞다.

대부분의 사람들은 신의 아들이 아니라 사람의 아들이라 거의 평생을 집이라는 재산을 마련하는 노동에 전력한다. 그리고 지키고 강화하고 세습하기 위해 남은 생을 투여한다. 그리고 생의 마지막 숨이 꼴까닥 넘어갈 때 게임처럼 마지막 효과음이 울린다.

Mission Complete! (임무 완료!)

젠장. 나는 수컷 비버가 아니다. 사람이다.

간혹 길을 걷다가 걸음을 멈추게 하는 집이 있다. 아빠가 걸음을 멈추는 집들의 공통점은 작고 오래되었고 특출하지 않은 모양이라는 특징이 있다. 시골살이 경험으로 표현하자면 삼 칸 옛집 앞에서 자주 그렇다. '칸'이란 집을 지탱하는 기둥과 기둥 사이를 말하는 것이다. 방의 개수가 아니다. 그런 집들은 대개 여섯 평쯤 되는 작은 넓이에, 지붕은 나지막하다. 오래되었으나 마루가 반질하고 마당에는 파란색 천막 위로 고추를 말리고 있는 그런 흔한 시골집에 눈길이 자주 멈춘다. 살림의 흔적은 그 집에 사는 사람을 유추하게 만든다. 집이 곧 사람이기 때문이다. 나는 그런 집을 '기억으로서의 집'이라고 부르고 싶다.

작은 집이건 큰 집이건 모든 공간은 소용이 있는 공간이어야 한다. 그 모든 공간에 살림의 손길이 닿는 집이 좋다. 그 흔적에 시간이 쌓여 있는 집이 좋다. 집은 사람을 품고 사람은 집을 보살핀다. 그것이 집과 사람의 올바른 관계맺음이다. 더 큰 집으로 옮기기 위한 중간 거처로서의 집, 떠남을 전제로 한 집에 그런 기억은 존재할 수 없다. 집의 겉을 바라보지 말고 집의 안과 사람을 바라보면 좋겠다.

　너도 아는 지정댁 할머니가 어느 해 봄에 담 구실을 하던 살구나무를 뽑아야 했는데, 그 나무는 큰딸 태어나고 심었다는 기억을 말씀하실 때, 나무는 더 이상 그저 나무인 것만은 아니었다. 또렷한 하나의 상대방으로서 사람과 이별이 가능한 그 무엇이었다. 그 무엇이란 바로 '기억'이다. 읽었다고 주장하지만 몇 가지 정황으로 보아서 너는 읽지 않은 것으로 판단되는 아빠가 쓴 책, 《아버지의 집》에서 건축가 김기석 선생의 말씀을 인용해 본다.

　　"…… 거기에는 아직도 기억이 살고 있다. 그래서 모든 오래
　　된 집은 기억의 사원이다."

　통계치로는 지난 몇 년 사이에 우리나라에서 한 명 또는 두 명이 사는 집이 전체 가구의 절반을 넘어섰다. 고전적 의미의 가족은 빠른 속도로 사라지고 있다. 가족에 대한 개념이 바뀐다는 것은 집에 대한 개념도 바뀔 수밖에 없다는 소리다. '내 집'이 아닌 '우리 집'은 시세 차익이 아니라 공동의 기억을 기반으로 한 것이다. 이 가치가 생각보다 빠르게 소멸하고 있다.

　아빠가 살고 있는 곳은 시골이다. 아직은 집에 관한 옛 사

람들의 생각이 유효한 곳이다. 아주 간혹 어딘가 집이 나왔다는 소리가 들리면 가 보곤 한다. 벼락처럼 내 마음으로 들어오는 집이 있다면 혹시 아냐. 빚을 내어서라도 차지하고 싶을 수도 있다. 집도 인연이 있어야 만난다. 아직은 만나지 못했다.

내 나이에 좀 늦은 감은 있지만 사실 요즘은 정착하고 싶다는 생각이 이전보다 자주 든다. 남은 여정이 노인에 점점 가까워지니 그런 모양이다. 옛사람들처럼 아버지의 집에서 태어나고 같은 집에서 눈을 감는 것이 내 기준으로는 아름답다. 병원에서 태어나고 병원에서 죽는 것이 과연 옳은 일인지 간혹 생각해 본다. 집에서 죽으려면 집이 있어야겠지. 그래서 아빠와 엄마의 기억에 너의 기억이 더해질 수 있는 집이 있으면 좋겠다. 사실은 내 마음에 그 욕구가 더 크게 자리하면 좋겠다.

짝짓기에 관한 거의 모든 것

영후에게.

오늘은 남자와 여자에 대해서 이야기하겠다.

쉰 해 넘게 살았지만
나는 정말 여자를 모르겠다.
내가 모른다는 것을 아는 것,
시작은 거기서부터다.
그러나 안다고 실천이 쉽겠냐……

3

일과 돈

상병의 편지

하이에나는 냉장고가 없다

사냥에 나설 때 새겨야 할 몇 가지

봉급, 월급, 연봉, 어떻게 먹고살래?

하고 싶은 일과 해야 하는 일?

만인을 위한 사실은 없다

눈이 내렸다. 현실이지만 피하고 싶은 현실
이었다. 눈을 쓸면 또 눈이 내렸고 그건 무한
히 반복되었다. 정말 많이 내렸다. 이길 수 없
었다. 이기자부대라는 이름이 초라해 보였
다. 계절이 바뀌는 것을 겪으면서 여름이 되
면 풀이 밉고 가을에는 낙엽이 밉고 겨울에
는 눈이 미웠다. 다른 무엇보다 스스로가 군
인이라는 게 미웠다.

　상병이다. 상병! 아빠, 난 이제 이병도 아니고 일병도 아니야. 더 이상 후임층이 아닌 거지. 선임층에 진입한 거다. 한데 한 사흘 기분이 좋았다가 망할, 아직 한참 남았다는 걸 깨달았다. 이제 꼴랑 반 왔더라고.

　저번에 엄마가 군 생활 잘 적응해 줘서 고맙다고 했는데, 내가 오히려 고마웠다. 이 망할 군대라는 사회에서 힘들 때면 밖에서 더 힘들 엄마를 생각하며 버텼어.

　여긴 선임, 하사, 중사, 부사관, 위관…… 사람들이 계급 빼고는 차이가 없어. 몇몇은 자신이 밖에서는 안 이랬는데 군대에 와서 이렇게 되었다고 주장하지만 글쎄.

　그래도 이제 위로 선임도 많지 않고 얼마 안 되는 선임들이 그다지 터치도 안 해. 후임병이었을 때 못 누리던 많은 것들을 누리게 됐지. 생활관에서 라면 먹기, TV 몰래 보기, 일과 시간에 누워 있기……. 물론 이걸 상병 달자마자 하게 되면 얼마 안 되는 선임 모두에게 욕을 먹겠지. 나는 "선임층은 '빳' 찼으니까 해도 되고 너희 짬찌들은 못한다."라고 얘기한 적은 없어. 간혹 일병이 몰래 라면을 먹거나 하는 걸 본 적은 있는데 들키지 말라고만 하고(군 생활에서 무지 중요한 거다.) 내 갈 길 갔다. '빳질', 그게 무슨 양아치 짓인지 모르겠다. 후임들에게 떨떨이나 주는 선임층들을 보면서 나는 저렇게 되면 안 되겠다고 생각했다.

　이제는 전역한 선임 병사가 말년에 이런 말을 했어. "애들한테 욕했던 게 후회된다. 다들 나를 어려워하고 남는 게 하나도 없다." 나한테 욕을 밥 먹듯이 해서 한때 내 스트레스의 원흉이었던 새끼였지. 지금 와서 왜 갑자기 나한테 이런 말을 하는 거지? 갈 때가 되더니 미쳤나? 전역 날 맞기 싫어서 그러나? 때릴 생각 없는데. 안 때렸다.

날더러 후임병 관리를 안 한다고 하는 놈들도 있지만(니들 앞가림이나 잘해라.) 군 생활 못한다고 후임들 갈구는 건 정말 싫었어. 사람이 잘할 수도 있고 못할 수도 있지, 어떻게 다 잘해? 개인의 차이라고 본다. (차이는 나쁜 게 아니잖아.) 애초에 전사 캐릭터한테 마법을 쓰라고 하는 게 이상한 거다. 근데 선임층이 되면 다들 꼭 그러더라. "요즘 애들은 정말 안 되겠다."고. (군 생활 한 10년 했나 보네.) 후임병 때 선임들에게 자주 들었던 말인데. 도대체 됐던 적이 있긴 해? 무슨 뫼비우스의 띠마냥 했던 일, 했던 말만 반복해. 뭐 내가 보기에도 내가 이병, 일병이었을 때보다는 편해진 것 같기는 하다. 그리고 내 동기들이 그렇게 심하게 욕을 하거나 '빠질'을 하는 것 같지는 않더라. 그런데 동기 중에 한 명이 폭언·욕설로 영창에 갔다가 전출 갔다. 마음의 편지에 다섯 번 정도 찔리더니 아주 가 버렸다. 이병 때 장난으로 누가 먼저 영창 갈지 내기하자고 한 적이 있는데 말이 씨가 되어 버렸어. 안타깝게도 그렇게 갔다.

후임들이 보기에 나는 어떠려나? 그런대로 편할 거야. 아무것도 안 시키고 터치를 전혀 안 하니까. (간부고 선임이고 아무것도 안 시키는 게 최고다.) 내가 보기에는 뭔가 잘 안 풀릴 때는 대화를 좀 진득하게 해 보는 게 좋을 것 같아. 나도 그렇게 선임들과 관계가 좋아지기도 했고. 전출 간 ○상병은 그럴 기회가 없어진 게 아쉽다.

하이에나는 냉장고가 없다

영후에게.

오늘은 사람이 먹고사는 이야기 좀 하자. 그러니까 돈에 대한 이야기라고도 할 수 있겠지. '머니', '오까네', '쩐'으로 불리는 그것. 사자는 다른 짐승을 잡아먹고 살고 새우는 플랑크톤을 먹고 살고 나무는 햇볕과 흙 속에서 먹을 것을 찾고, 그리고 '지금, 여기'에 사는 사람들은 의식주를 돈과 맞바꿔 먹고산다.

말미잘, 주꾸미, 고등어, 고래, 참새, 까치, 독수리, 들쥐, 사슴, 하이에나, 호랑이, 사자, 시금치, 부추, 상추, 배추, 은행나무, 감나무, 바퀴벌레를 통틀어 지구상에서 냉장고를 가진 생명체는 인간밖에 없다. 그 더운 사바나에서 냉장 보관 가능한 시설이 있었다면 해마다 사자들이 몇 번의 보릿고개를 겪지는 않을 것이다. 여러 마리 잡아 봤자 보관이 안 되니 당장 주린 배를 채울 만큼 사냥을 한다. 물론 냉장고가 있어도 업소용 크기여야 한다는 문제점도 있다. 몇몇 동물은 식량을 꿍쳐

두기도 한다만 그것이 몇 달이나 가능하겠냐. 맹수가 사냥을 해서 잠시 고기를 얻는 것이나 딱따구리가 나무에 열매를 박아 두고 나중에 먹는 것하고 인간의 식량 비축은 차원과 의미가 다를 수밖에 없다. 인간만이 장기적인 저장과 비축이 가능하다.

누가 아빠에게 제일 좋아하는 것이 무엇이냐고 묻는다면 눈 깜빡할 시간보다 빠르게 답할 수 있다.

"돈!"

그러나 희망과 성취는 전혀 다른 문제다. 돈이 그렇게 좋으면 그것을 빠르게 많이 확보할 수 있는 움직임을 보여야 하는데 열망과 다르게 망할 놈의 것을 쟁취하는 실행력이 엇박자다. "금 보기를 돌같이 하라." 따위 소리는 일하지 않고도 금을 손에 넣을 수 있는 사람들이 만들어 낸 말일 것이다. 그래서 어느 스님이 일성을 내지르며 하산하셨지. "금은 금이요, 돌은 돌이다." 아닌가…….

여하튼 아빠는 돈을 좋아한다. 남들이 보기에 아빠가 돈을 버는 일에 최우선 순위를 두고 있지 않은 듯한 이미지를 풍기는 것조차 돈을 벌기 위한 나름의 전술로 이해하면 된다. 하물며, "형 돈 싫어하잖아." 같은 소리를 간혹 들으면 가슴이 무너져 내린다.

"아니야! 이 새끼야, 니가 잘못 알고 있는 거야!"

세상을 살면서 아직까지는 돈 싫어하는 사람을 본 적이 없다. 세상은 다만 돈을 잘 버는 사람과 잘 못 버는 사람으로 나누어져 있을 뿐이다.

'성실하게 노력하는 사람이 잘사는 사회.'

이 말 자체가 무슨 문제가 있는 것은 아니다. 여기서 '성실한 노력'이란 반칙하지 않거나 나쁘지 않은 방법으로 노력하는 사람이라는 뜻이 포함되어 있다. 또는 '일한 만큼'이라는 의미이기도 하다. '잘사는'이란 합당한 소유를 뜻하는 것이다. 마음 편히 잘 살아야 한다는 것이 아니라 물질적으로 합당하게 잘살아야 한다는 뜻이다. 일종의 캐치프레이즈다. 현실에서는 잘 안 된다는 이야기지.

내가 전혀, 결코, 아무런 노력도 하지 않았는데 어느 날 많은 돈이 내 손에 쥐여진 꿈 이야기를 해 주겠다. 2001년 꿈이다.

그 회사에 처음 가게 된 것은 사이트 제작을 맡기 위해 경쟁 프레젠테이션에 참여했을 때였다. 그날 다른 업체들은 인쇄물까지 잔뜩 챙겨 든 정장 차림의 직원 서너 명이 긴장한 얼굴로 대기실에서 조용히 순서를 기다리는 분위기였다. 아빠는 '게임의 왕자' 삼촌과 함께 청바지에 캐주얼한 웃옷을 걸치고 자료는 온라인에 띄워 놓고 맨몸으로 갔다. 노트북조차 그 회사 것을 빌려서 실제 인터넷에서 작동되는 그 회사 사이트 샘플을 시연하는 방식이었다. 15년 전으로서는 다소 건방진 자세였다. 참여 업체 가운데 가장 작고 실적도 거의 없는데도 그랬다. 어도비 플래시 기반의 액티브한 인트로 화면이 '당신들 회사, 당신들 컴퓨터에서' 무난하게 작동되는 것을 보여 주면서 그 회사 대표의 표정을 살폈다. 게임은 끝난 것 같았다. 연포탕 한 그릇 먹고 부산으로 돌아오는 고속버스 안에서 그 회사 전산실 직원의 전화를 받았다. 축하한다고.

결정은 어차피 '오너'가 한다. 그 기업의 1대·2대 오너는 아빠를 좋아했다. 샘플 사이트 인트로 화면에 집어넣은 한 줄의 카피 때문이었다. 그 카피는 방송과 인쇄물을 막론하고 회사의 메인 카피로 몇 년 간 사용되었다. 당연히 그 회사는 사이트를 새로 개편할 때에도 경쟁 입찰을 하지 않았다. 그리고 나는 연간 5천억 원 정도의 매출을 올리는 회사의 대표와 가끔 자리를 같이 했다. 홍보와 관련해서 의견을 나누거나 업무에서 벗어난 분야의 이야기가 주로 오갔다.

몇 달 지나, 회사 대표가 밥 먹자고 해서 갔다. 이런저런 이야기를 하고 일어서는데 책을 한 권 주더라. 성공하는 사람들의 어쩌구 하는 처세술 책이었다. 버스 안에서 포장지를 뜯고 책갈피를 휘리릭 넘기는데 봉투가 있더라. 손 편지더군. 그리고 수표가 들어 있었다. 편지를 읽었다. 그동안 회사가 사용한 카피에 대해 고마움을 표하지 못했다, 당신도 별다른 요구를 한 적이 없다, 그래서 당신 이름으로 신축 아파트를 하나 분양받았고 그 프리미엄이 봉투에 넣은 돈이다, 부디 거절하지 말고 받아 달라…….

천4백만 원. 참 쉽네. 그 수표를 내려다보면서 머릿속에 떠오른 첫마디가 그랬다. 그때 우리가 살던 연신내 사글세 집 보증금이 천5백만 원이었다. 참 쉽네. 돈은 이렇게 버는 것이구나. 분양은 누군가 마음먹으면 뜻대로 되는 것이구나. 땅 짚고 헤엄치기. 나도 모르게 내가 신축 아파트 분양에 당첨되었을 때 누군가는 탈락했을 것이다. 정말 성실하게 노력해서 돈을 모으고 주택청약저축 같은 것을 꼬박꼬박 부은 사람일 수도 있겠지.

며칠 동안 엄마 2호기에게도 말하지 않았다. 봉투를 어찌할 것인지 고민했다. 물론 나는 그 돈을 먹고 싶었다. 그러나 소화시킬 자신이 없었다. 메일이건 전화건 문자건 반응도 해야 할 것이다. 잘 먹겠다거나 못 먹겠다거나. 잘 먹겠다고 하면 왠지 그동안의 연기가 탄로 나는 쪽팔림이 있을 것이고, 못 먹겠다고 하면 그 회사와 맺어 온 인연은 끝이 날 것이다. 그건 더 큰 손핸데…….

그러고 있는데 당시 갓 결혼하고 안양으로 집을 옮긴 '게임의 왕자'가 전화를 했다. "혹시 5백 땡겨 주실 수…….." 보증금이 부족했던 모양이다. 당연히 안 될 것이라고 생각하고 그냥 찔러 봤을 것인데 바로 그 자리에서 "알았다."라고 대답했다. 빌려주는 것이 아니라 그냥 네 몫이다. 천4백만 원은 그렇게 허물어져 사라졌다. 기억에 그 회사 대표에게 답장을 했다. 덕분에 후배 집 이사에 도움이 되었다고. 나는 별 의지가 없었는데 그 돈을 허물 수밖에 없는 상황이 절묘하게 찾아왔다고.

20대 초반, 아르바이트를 하면서 나는 비교적 풍족했다. 원하는 화집과 재료를 살 수 있었다. 전시 비용을 마련할 수 있었고 주변에도 인색하지 않게 뿌렸다. 잘사는 집 아이들을 가르치면서는 씀씀이도 더욱 커졌다. 그때 잘못된 지출 습관이 몸에 배었다. 돈이라는 것이 참 벌기 쉬웠다. 대단한 목적을 위한 것이 아니라 오직 내 한 몸을 위해 돈을 쓸 때, 돈을 버는 일은 별로 힘들지 않았다. 그냥 날려 버리면 되는 것이었기에.

그러나 나만 위한 것을 넘어서 책임져야 할 가족과 그 이상의 것 때문에 돈이 필요하게 되었을 때, 그때부터 돈은 나를 잠식하기 시작했다. 돈이 정말 절실했던 순간은 많았다. 돈이 나를 잠식하고 있다는 사실을 인식했을 때 나는 극도의 불쾌감을 느꼈다. 돈이 싫은 것이 아니라 그 불쾌감이 싫었다. 내 손으로 번 돈의 최초 씀씀이가 그러했지만 시간이 흐르면서 나는 돈으로 인한 불쾌감을 돈을 쓰는 것으로 앙갚음했다.

알다시피 아빠와 엄마 2호기는 2006년에 서울에서 전남 구례로 거처를 옮겼다. 구체적인 생각이나 긴 시간의 고민 그리고 치밀한 준비를 해서 시골로 거처를 옮긴 것이 아니다. 서울에서 살아가기 위해서는, 정확하게는 '지금의 생활 수준'이라도 유지하기 위해서는 돈을 더 많이 벌어야 했다. 화폐와 스트레스를 교환해서 단지 현상을 유지하는 것이 과연 남는 장사인지, 무엇보다 내가 그런 경쟁에 뛰어들기에 적합한 인종인지가 회의적이었다. 결국 구례행은 내가 유지해 온 삶의 방식이 예정한 필연적인 수순이었다.

"시골로 이사 가자."

"왜?"

"생존 비용이 저렴할 것 같으니까."

당연하게도 지금까지 노동해서 그 대가로 먹고살았다. 도시에서 사는 동안 그 대가의 절반은 은행과 건물주에게 넘어갔다. 그리고 그 반복이 힘들고 지겨웠다. 반복을 줄이고 힘듦을 줄이는 방법 중 최선은 역시 저장과 비축이다. 그런데 그건 철이 들어야 할 수 있다. 그렇다면 차선은? 소비를 줄이는 전술이다. 철없기로는 아빠 뺨치는 엄마 2호기는 "야호!"를 외쳤다.

사람의 평균 수명이 계속 늘어나고 있지만 그냥 70 평생이라 했을 때, 나는 이미 50년을 살았다. 젊었을 때부터 현재까지 비교적 잘 놀고 있다. 잘 놀고 있다는 근거는 그런대로 하고 싶은 일 하고 가고 싶은 곳 가고 먹고 싶은 것 먹고 그렇게 살았던 흔적이다. 물론 모든 것을 원하는 대로 할 수는 없는 노릇이다. 하지만 아빠는 하지 못한 일에 대한 욕심이 별로 없다. 전체 70년 중에서 50년 이상을 이렇게 살고 있는데 오늘의 즐거움을 내일 때문에 유보할 이유가 없다. 늙어서 고생할 것이다? 그럴 수 있다. 인정한다. 그러나 나는 인생의 마지막 20년 때문에 앞선 50년의 즐거움을 유보하는 것이 현명한 판단이라고 생각하지 않는다.

아빠가 나이만 먹었지 철이 들지 않아서 그렇다고 말하는 사람들이 있다. 철이 들면 어떻게 되지? 미래에 대한 불안감이 생길 수 있다. 그 불안감을 에너지로, 늦었지만 말년을 위한 냉장고를 마련할 것이라고 한다. 불안하기 위해서 철이 들어야 한다는 말인가? 무슨 그런 좆 같은 말이 있단 말인가. 미래의 미래, 그러니까 나의 미래와 내 아들의 미래와 내 아들의 아들의 미래에 대한 불안감으로 현재를 저장하고 상속하란 말인가. 그래서 재산과 함께 불안도 상속하란 말인가. 아들아, 미래는 불안하니 너 또한 빼이 쳐라? 우리 조상들은 정말 현명하다. 이럴 때를 대비해서 이런 말을 남겼지.

"걱정도 팔자다."

나는 내가 소유한 것이 적다고 화를 내지 않았다. 나는 필요 이상의 소비에 대해서 화를 낸다. 다르거나 같은 말이다. 많이 가진 자와 적게 가진 자를 막론하고 필요 이상으로 소비하는 것에 대해서는 화가 난다. 많이 가졌으니 많이 소비할 수 있다는 생각에 동의하지 않는다. 소비가 미덕이라는 헛소리에는 더더욱 동의하지 않는다. 그것은 누군가가 자기 이윤을 위해 시장을 가동하려고 만든 광고 문구일 뿐이다.

인류 전체가, 지구의 모든 생명이 소비할 수 있는 에너지의 총량은 정해져 있다. 지속 가능 운운하지만 그것이 영원한 순환을 뜻하는 것은 아니다. '가능한 한 오래'를 지향하는 개념이다. 지구와 환경을 생각하는 조직이나 카페에 가입하거나 눈길 한번 던진 적도 없는데 무슨 이유에서진 모르겠지만 나는 지금 내가 필요한 최소한의 것을 소유하고 소비하는 것이 착한 포유류라고 생각한다. 이것이 윤리고, 같은 종으로서 인간에 대한 예의의 출발점이라고 생각한다.

소유에 앞서 소비를 먼저 생각해라. 쉽지 않을 것이다. 어쩌면 오늘을 사는 우리에게는 《무소유》보다 '무소비'가 더 절실한 죽비인지도 모르겠다.

사냥에 나설 때 새겨야 할 몇 가지

영후에게.

네가 집 떠나고 맞이하는 두 번째 추석이 코앞이다. 너희들이 제일 싫어하는 소리지만 시간 참 빠르다. 금년은 추석이 참 이르게 다가왔다. 네 사촌 형들은 명절에 모두 집에 올 모양이더라. 제사 모실 때 너희들이 뒤에 서 있으면 그냥 든든하다. 영찬이 형은 아빠와 비슷하게 디자인 관련 일을 하게 될 것 같고 영무 형은 러시아 관련 학과이니 러시아 마피아를 할 수도 있을 것이다. 아빠는 7급 공무원 시험을 강요하고 있는데 도통 내 말을 들을 것 같지 않다. 영무 형은 7급 공무원보다 훨씬 잘나갈 수 있다고 큰소리를 치면서 내 말을 듣지 않는데 러시아에서 총기 밀매를 하겠다는 것이 아니면 무슨 아이템이 있는지 상상이 안 된다.

통상 대학 졸업하면 명절에 너희들에게 용돈 주는 행사는 끝이 난다. 이제 세상에 나가 너 알아서 먹고살라는 신호지. 영후 너까지 제대하면 우리 집 남자들은 모두 사냥터로 나가는 일만 남아 있다. 어차피 나가야 할 세상이니 너희들에게 독이 되고 맥을 끊는 소리 좀 해야겠다.

나는 오래전부터 불변의 진리인 것처럼 여겨지는 몇 가지 말들을 의심하곤 했다. 거짓말은 나쁜 것이라거나 법 앞에 만인은 평등하다는 따위 얘기 말이다. 어른들은 아이들의 교과서를 그런 말들로 채워 놓고 그 반대로 살다가 들키거나, 누군가의 필요에 따라 들통 나는 바람에 저녁 뉴스의 머리기사를 장식하곤 한다. 살인, 강도 같은 물리적 범죄가 아닌 대부분의 나쁜 짓은, 배울 만큼 배웠고 이른바 이미 좋은 자리에 앉아 있는 사람들이거나 이미 돈이 많은 사람들이 주로 범인이었다.

오래전부터 내가 의심해 온 명제가 두 개 더 있다. 노동은 신성하고 직업은 귀천이 없다는 말이다.

'노동은 신성하다.'

이건 설명하기 좀 복잡하다. 일단 노동이 뭔가 하는 것부터 꼬이기 시작한다. 목적을 가진 인간의 '노가다' 자체를 노동으로 정의한다면 이것에 대해서 신성하다 불순하다 논할 필요조차 없다. 이런 경우 노동은 그냥 인간과 동물계를 구분 짓는 데 소용되는 개념일 뿐이다.

사람들이 '노동'이라는 표현을 하는 것은 통상 인간의 경제

활동을 염두에 둔 것이다. 생존에 필요한 재화를 얻기 위한 육체적·정신적 노력을 기울이는 행위다. 생존해야 하니 노동하는 것은 선택이 아닌 필수다. 최초의 인간들은 함께 사냥했고 나누어 먹었다. 생산수단도 '내 것'이 아닌 '우리 것'이었다. 생산수단이란 사냥 도구, 채집 도구, 사냥터, 숲, 농지 따위를 말하는 것이다.

문제는 계급사회로 변하면서부터이다. 그때부터 내 노동을 다른 사람이 활용할 수 있게 되었다. 업계 용어로 빡빡하게 표현하면 착취라고 한다. 노예·농노·자본주의 사회의 노동자들 상황을 보면 바로 알 수 있는 장면이다. 원론적으로 고용주와 임금노동자는 대등한 관계라고 말하지만 실제는 전혀 그렇지 않다는 사실을 고용주나 노동자 모두 잘 알고 있다. 품을 팔지 않으면 생존할 수 없는 사람들은 실질적으로 자신의 노동력을 구매하는 자본가에게 매여 있다고 말하는 것이 솔직하다. 그렇지 않다면 '갑질'이라는 현실적 용어가 등장할 수 없다.

생존을 위한 노동 자체는 신성함이 있다. 그러나 그 노동이 무슨 목적으로 행해지는지를 불문하고 신성하다고 하는 것은 가치의 낭비거나 위장술이다. 노동은 그냥 움직이는 것이 아니라 언제나 어떤 목적에 따라 하는 것이기 때문이다.

네가 군대 가기 전에 한동안 빠져 있던 프레데릭 백 할아버지의 애니메이션 〈위대한 강〉을 생각해 봐라. 북극에서 살아가는 에스키모 가족이 바다코끼리 한 마리를 힘들게 잡아서 그 고기로 배를 채우고, 가죽으로 옷을 지어 입는 행위는 노동이다. 또한 선단을 이끌고 북극해로 가서 오로지 가죽이 필요하다는 이유로 수만 마리의 바다코끼리를 때려죽여 거의 멸종 지경으로 만드는 행위도 노동이다. 그러나 이 두 가지 노동을 모두 신성하다고 표현할 수는 없다. 최소한의 필요를 채우고자 하는 노동 행위와 잉여 이윤을 좇느라 마구잡이로 덤비는 노동을 구분하지 않고 동일한 가치를 부여할 수는 없다는 말이다.

노동이 신성하다는 말은, 어쩌면 너희는 어차피 생존해야 하니 노동은 필연적인 것이고 그 행위의 목적과 결과가 반윤리적이더라도 양심의 가책을 느낄 필요 없다는 장치일 수도 있다. 작지만 뭔가를 받았으니 너도 공범이라는 올가미다. 그렇다 해도 노동은 신성하지 않다고 말하는 것이 쉽지 않다. '모든 노동이 신성한 것은 아니다.' 또는 '목적에 따라 노동은 신성할 수 있다.' 정도가 현실적인 표현이라고 생각한다.

'직업에 귀천은 없다.'

이건 완전한 헛소리다. 모든 직업은 귀천이 있고 등급이 명백하다. 전제로서 '노동은 신성하기에' 무슨 일을 하건 직종 불문하고 귀하고 천한 것이 없다는 말씀인데 나는 국민학교 때에도 이 말은 개소리라는 사실을 알고 있었다. 어느 날 벼락처럼 깨달은 것이 아니라 어린 눈으로 보기에도 세상은 고개 숙인 자와 그들을 내려다보는 자들로 이루어져 있었기 때문이다. 직업은 귀천이 있고 가급이면 천한 일자리를 모면하기 위해 인간은 노력한다고 말해야 진화론적으로도 타당한 소리다. 그러니까 직업에 귀천이 없다는 소리는 그냥 아름다운 세상을 위해 아주 높이 매달린 깃발 같은 것이라고 생각하면 된다.

직업의 뜻에는 생계를 유지하기 위한 노동행위 이외에도 '소명'이라는 종교적 의미도 포함되어 있다. 노동이 신성하다거나 직업에 귀천 없다는 주장은 이 거룩한 단어 '소명'에 기댄 흔적이 많다. 주로 기독교 문화권 사람들의 생각이었지만 우리가 받았던 교육은 거의 서양 사람들의 생각을 주입한 것이라 크게 다르지는 않다. 내가 하는 일에 소명이라는 무게가 더해지면 왠지 운명적으로 들리고 바꾸기 힘들 것 같잖아. 그런데 근대 이전의 직업이란 것은 나의 의지가 선택한 것이 아니라 핏줄과 집안에 따라 결정되었다. 너는 농사를 지어라, 너는 집을 지어라, 너는 옷을 만들어라…….

그렇다면 귀하고 천한 것은 무슨 기준으로 나누냐? 거의 100% 돈과 권력을 얼마나 보장받느냐에 따라 나눈다. 전부가 아니라 거의라고 표현한 것은 사회적 통념상 사람들이 존중하는 직업이 존재하기 때문이다. 방금 언급한 소명 의식이 높은 직업이라고 해 두자. 종교나 교육 부문에서 일하는 사람들 말이다. 물론 그런 분야도 상위층은 돈과 권력을 충분히 즐기고 있지만 표면적으로는 돈과 권력을 탐하지 않을 것 같은 직업도 몇 개는 있는 것이 구색으로 보나 대국민 정서로 보나 무난하다. 시스템 스스로 양심을 감시한다는 착시 효과도 필요하다. 그런 직종을 빼면 노골적이고 절대적으로 돈과 권력이 많고 적음이 직업의 귀천을 결정한다. 그게 아니라면 대한민국 입시 최상위 득점자들이 공통적으로 법을 집행하는 자리나 의료 행위 그리고 궁극적으로 정치 분야에 높고 지속적인 관심을 보이는 이유를 설명할 길이 없다.

권력은 돈을 소환할 수 있고 돈은 권력을 창출할 수 있다. 권력과 돈 중에서 무엇을 택할 것인가라는 물음은 바보 같은 질문이다. 둘은 분리되지 않는다. 서로의 생존을 위한 자웅동체다. 따라서 특별한 '달란트'를 타고나서 '그 일을 하지 않으면 미칠 것 같은 인간'을 제외한 대부분의 인류가 돈과 권력을 거머쥐기에 쉬운 분야로 몰리는 것은 당연하다. 그리고 그곳으로 진입하는 것은 쉽지 않다. 수가 제한되어 있기 때문이다.

한 반에서 누구랄 것 없이 진심으로 죽을 노력을 다해도 일 등은 한 명일 수밖에 없듯이 세상의 계급 계층 구조는 피라미드다. 지배 세력은 세상에 피라미드가 여러 개 존재하는 것을 원치 않는다. 큰 피라미드 안에 작은 피라미드를 여러 개 두는 구조를 선호한다. 나눌 수 있는 파이의 양은 정해져 있는데 칼자루 쥔 놈이 여럿이면 난감하다. 그래서 가급이면 입구를 좁게 만들고 접수 창구는 일원화한다. 입구가 존재하는 건 '희망'이라는 미끼가 있어야 시스템이 유지되기 때문이다. 인간의 역사는 그 희망의 입구를 조금씩 넓혀 온 시간이다. 너무 비관적이라고 생각할 수도 있지만 천 년 전의 노예에게 물어보면 너희들에게 열린 직업의 문은 천 배 더 많고 천 배 더 희망적일 거다.

서울 시절에 초등학생인 너와 미래 직업에 관해 이야기를 나눈 적이 있다. 그때 너는 영화감독이 되고 싶다는, 나한테서 주입된 혐의가 짙은 소리를 하던 시절이다. TV를 보다가 이야기가 시작되었다. 구청에서 그 지역 환경미화원 체력 검증 시험을 보는데 경쟁률이 높았다는 보도였다. 월드컵은 끝이 났지만 IMF 영향을 벗어나지 못한 시기였던 탓에 고학력자도 응시를 많이 했다는 것이 보도의 핵심이었다. 그때 나는 네 직업이 청소부여도 좋다고 말을 했다. 단, "네가 그 일에 열등감 없이 최선을 다한다면"이라는 전제를 달았다. 당시 초등학교 삼사 학년이었던 네가 그 말을 어떻게 받아들였는지 알 수는 없다.

그때 그 말은 두 가지 경우를 방비하기 위한 것이었다. 첫째는 내 새끼가 출세 한번 해 보겠다고 서울대만 다섯 번 응시하거나 사법고시를 10년째 준비 중이라거나 하는, 내 기준으로는 진정한 폐인 모드로 살아가는 꼴을 보고 싶지 않아서이고 두 번째는 청소부 아저씨를 은연중에 무시하지 말라는 뜻이었다. 최소한 우리라도 아름다운 세상을 위해 아주 높이 매달린 깃발을 존중해야 하지 않겠냐는. 현실이 그러하니 우리도 무조건 위로 올라서자고 차마 말할 수 없었다. 물론 우회적으로 '훌륭한 사람이 되면 좋겠다.' 정도의 수식이 있지만 도대체 그 훌륭함의 기준이 뭐냐?

머리카락을 잘라서라도 자식 공부시키는 열혈 부모 열 명 중 열한 명은 내 자식이 돈과 권력 모두 또는 그 중 하나라도 확실하게 거머쥐기를 갈망하는 사람들이다. 내 자식이 그저 훌륭한 사람이 되기를 열망한다면 좀 더 다양한 방법과 길이 있을 것이다. 그러나 우리 사회는 '다른 길'에 대해서 훈련시키지 않는다. 오히려 불온시 한다. 따라서 '그저 훌륭한 사람'을 원하는 부모는 흔치 않다.

"당신의 자식이 대단한 출세를 하지 못하더라도 착한 삶을 산다면 만족하시겠습니까?"라고 질문하면 "그렇습니다."라고 대답할 부모가 제법 있을 것이다. 그러나 구체적 사례를 제시하고 답변은 익명으로 처리하는 경우라면 결과가 달라질 수 있다. 예를 들자면, 법정 스님의 《무소유》라는 책을 읽고 크게 감화받은 부모들을 대상으로 "당신의 자식이 법정 스님 같은 삶을 택하면 좋겠습니까, 서울중앙지검장이 되면 좋겠습니까?"라고 묻는다면 무엇이라고 답을 할까?

'당신은'이 아니라 '당신의 자식이'잖아. 상투적 짐작이나 예단의 누를 범할 필요 없이 내가 답해야 한다면 서울중앙지검장을 택할 것이다. 나는 현실적이고 물질적으로 자식의 능력을 느끼고 싶기 때문이다. 이 글을 쓰다가 5분 정도 멈추고 진지하게 생각해 봤는데 내 대답은 역시 그렇다. 아빠 영혼이 원래 특별하게 거룩하거나 맑지 않은 것이야 너도 잘 알고 있는 것이고, 내 대답이 부끄러울 이유도 없다. 단지 살아오면서 내가 던진 말들 때문에 모양이 좀 구겨지는 면은 없잖아 있지만 쪽팔림과 받을 혜택은 충분히 교환가치가 있다고 생각한다. 그리고 구멍은 얼마든지 있다. 우리 아들은 '정의로운' 서울중앙지검장이 될 것이라거나 뭐 그런…….

그러나 그런 사심과 별개로 나는 내 새끼나 피붙이들이 '힘 있는 자리'에 오르는 일을 권한 적이 없다. 개인이 저지를 수 있는 악행의 폭과 깊이를 좌우하는 것은 어쩌면 직업일 것이다. 한 사람의 농부가 농약을 뿌려 키운 고추를 무농약 고추라고 속여 팔 수는 있을 것이다. 그러나 한 사람의 대통령은 한 나라 사람들의 밥상을 홀랑 파탄에 빠뜨릴 수 있는 결정을 내릴 수 있다. 그 반대의 아름다운 경우도 있는데 왜 그렇게 부정적이냐고 말하는 사람도 있겠지만 아빠는 자리의 크기가 욕망의 크기라고 생각한다. 때로 선한 욕망이 있는지는 모르겠지만 욕망이라는 단어 자체가 '필요 이상'이라는 뜻을 품고 있다. '그 자리'보다는 '그 자리에 도달하기까지의 과정' 자체가 그 사람을 증명한다.

사람들을 만나면서, 지켜보면서 간혹 드는 생각이 있다. 직업이 사람을 그렇게 만드는가, 아니면 그런 사람이 그런 직업을 선택하는가?

너도 알다시피 아빠가 좋아하는 영화 중에 〈마농의 샘〉이 있다. 내가 본 모든 영화를 통틀어 가장 기억에 남을 만한 대사가 나온다.

"농부는 꼽추가 될 수 있지만 꼽추는 농부가 될 수 없다."

영화 속에서는 참으로 악의적인 표현이었지만 그 말을 쉽게 내치지 못했다. 말을 내뱉은 이브 몽땅의 표정은 아주 단호했다. 마치 절대 가치 같은 명제를 선언하듯. 부인하지 못함은 어쩌면 짙은 공감 때문일 것이다. 그렇다면 운명론 아닌가.

너는 처음 듣는 이름이겠지만, 아빠는 리처드 도킨스라는 학자의 말에 고개를 끄덕이는 편이다. 결국 DNA의 복제 욕구에 따라 끊임없이 스스로를 강화하려는 '나의 본성'이 돈과 권력이라는 '생존 도구'를 욕망하는 것은 자연스럽다고 본다. 그런데 그것만으로 세상을 설명하면 자칫 적자생존만 남게 되고 생존이 곧 선이고 모든 승리는 정당한 것으로 해석될 수도 있으니 삶이 너무 팍팍해진다. 유전자가 모든 운명을 결정한다면 희망은 불가하고 의지는 허상이니까. 유전자는 어떤 운명을 선택할 수 있나 하는 정도를 강제하지만, 그렇다고 무엇 하나를 짚어서 특정할 수는 없을 것이다. 인간은 정신적으로도 진화하거든. 그것을 문화적 진화라고 부르건 역진화라고 부르건 DNA의 명령에 저항하려는 성질이다.

역사적으로 욕망과 평등은 평행선이었다. 노동은 신성하고 직업에 귀천이 없다는 말씀은 어쩌면 유전적 본성으로 보자면 이룰 수 없는 명제 같은 것이다. 다만 내가 아빠로서 아들에게 권하고 싶은 직업은 분명하다. 저지를 수 있는 악행의 넓이와 깊이가 좁고 얕은 일을 하면 좋겠다. 조금 더 욕심을 내자면, 저지를 수 있는 악행의 넓이와 깊이가 크고 깊은 자리에 앉은 자들이 너를 불편하게 생각할 수 있는 직업이면 좋겠다.

스물세 살부터 네가 태어나기 전까지 아빠가 희망하던 직업은 '직업 혁명가'였다. 비정규직이고 불안한 미래를 보장하는 직업이었다. 임금은 '열정 페이' 수준이었다. 가장 오래된 직업 중 하나다. 투쟁!

봉급, 월급, 연봉, 어떻게 먹고살래?

영후에게.

장마에 대단한 비는 내리지 않았고 구례는 아직 열대야가 없었다. 여름 낮이 불볕이건 말건 밤에 쉽게 잠들 수 있다면 그런 여름은 무난하다. 금년 여름에는 일감을 많이 준비하지 않았다. 약간 가학성 혐의가 있는 방법인데 더운 여름을 넘기는 방법으로 아빠는 휴가가 아닌 일을 택하곤 했다. 여름에 휴가를 챙길 만한 이력의 삶을 살지도 않았고 여름은 통상 사람들이 연중 가장 많이 몰려다니는 시절이라 집 떠나는 것 자체가 개고생이라는 생각도 워낙 강하다.

마을 앞 19번 국도도 7월 셋째 주부터 조짐을 보이다가 광복절까지 차들이 길게 늘어선다. 월급쟁이들의 대이동이 시작된 것이다. 잉여 노동은 칭찬받지만 잉여 휴식은 불온한 취급을 받는다. 남들 놀 때 같이 놀아야 눈에 띄지 않는다. 그래서 쉬는 시기를 비슷하게 정한다. 휴가 '시즌'이다. 휴가. 쉴 겨를이다. 차량 행렬을 보면서 왜 일제히 같은 시기에 휴가를 떠나야만 하는지 이해하기 힘들었다. 김 부장은 4월에, 이 과장은 5월에, 박 대리는 7월에, 정 계장은 10월에 가면 되지 않나? 좋아하는 계절도 사람마다 다르지 않나? 그런데 그게 그렇게 안 된단다. 휴식의 동시성과 연계성이 곧 업무의 동시성, 연계성과 직결된다나. 학교와 다를 바 없다. 어느 놈은 6월에 방학을 하고 어느 놈은 9월에 방학을 할 수 없는 것과 같은 이치란다. 이해하기 힘들어도 인정할 수밖에 없는 노릇이다.

직장인, 월급쟁이 등으로 부르지만 개념적으로는 '임금노동자'다. 자신의 노동력을 팔아서 먹고사는 사람들이지. 이들은 생산수단을 소유하고 있지 않다. 따라서 생산수단을 가진 사람에게 자신의 노동력을 판다. 그 대가로 임금을 받는다. 노동력이 상품이다. 요즘은 "연봉이 얼맙니까?"라고 묻지만 아빠 어렸을 때에는 '봉급'이라는 말이 있었다. 봉급이 '월급'으로 바뀌었고 근래에는 '연봉'이라는 표현이 일반적이다. 이 용어들 속에는 이유와 의도가 있을 것이다.

네 할아버지 세대의 '봉급 봉투'는 탁한 황색이었다. 계좌로 입금되는 것이 아니라 그 황색 봉투에 현금을 넣어서 매월 25일이나 마지막 날에 봉급을 주었다. 그 시절에는 자신이 일한 대가를 봉투의 두께로 실감할 수 있었지. 직장 다니는 사람을 봉급쟁이라 불렀다. 봉급이라는 단어의 한자 '俸給'에는 중세와 근대의 냄새가 남아 있다. '俸'은 녹 봉이다. 벼슬아치에게 주던 급여. 봉건제 시대에는 임금 생활자의 대표 주자가 관료였다. 여기에는 고용과 노동 관계 이외에도 신분적 예속의 냄새가 배어 있다. 봉급이라는 말에는 일종의 우쭐함도 담겼지. 봉록을 주는 기관의 대리인, 권력의 손발임을 나타내기도 했으니 시절 정서로 봐서는 꼭 기분 나쁜 것만은 아니었다.

부리는 자나 부림받는 자나 나름으로 도리와 챙길 것을 챙기는 염치와 체면이라는 불문율도 작동했고, 평생을 이어 가는 관계에 대를 물리는 세습까지 가능한 경우가 많았던 것을 생각하면 왕조시대가 끝나고도 오래도록 이 체제가 명맥을 유지할 만도 했다. '충성'이라는 개념이 직장에서도 작동하던 시절이었지. 하지만 마름, 식모, 머슴, 산지기, 소사처럼 너희 세대에게는 이미 까마득히 낯설어진 말들이 사라지면서 봉급이라는 말도 어느 날 자취를 감추었다.

월급이라는 말이 등장했다. 월급쟁이라는 말은 신분이 매인 느낌이 약하지. 월급은 산업자본주의의 상징적 표현 중 하나니까. 기업이 '국가 공동체'의 공공재와 공동 자산, 노동력을 활용하여 수익을 얻는 대가로 월급과 종신 고용이라는 형태로 국민의 복지를 실제로 책임지던 시절이다. 국민경제라고도 했다. 미국의 황금기와 일본의 고도성장 시대도 이 시스템

아래 작동했다. 회사의 성장이 곧 나의 성장과 이익이었고 나아가 국가 공동체의 성장으로 여겨졌다. 국가 공동체라니? 기막힌 최면술 아니냐. 일본의 '회사인간'이라는 표현도 이 시절이었기에 가능했을 것이다.

근로기준법을 이야기하는 빨갱이가 없진 않았지만, 영화보다 먼저 상영하던 〈대한 늬우스〉의 비 내리는 화면 속에는 독일로 가는 광부와 간호부가 손을 흔들었고 좀 지나서는 돈 좀 만지려면 사우디로 가서 노가다를 하던 시절이었다. 그 시절에는 국제기능올림픽에서 메달을 따면 신문 1면에 얼굴이 실렸고 카퍼레이드도 했다. 수출 역군들은 이렇게 나왔다. 체제에 반항하지 않고 주어진 노동을 성실하게 수행하면 긴 인생 크게 고민할 필요 없이 그럭저럭 살아갈 수 있었다. 그러나 어떻게든 월급을 덜 주고 제 잇속을 최대한 챙기려는 자본과 국가를 상대로 '근로자가 아닌 노동자들'의 저항이 거세지기 시작할 무렵부터 월급이라는 시스템은 변신이 요구되었다. 자본 입장에서는 싼 맛에 썼는데 제대로 돈 주면서 길게 고용하자니 슬슬 손해 보는 기분이 들었던 거지.

연봉 시대로 진입했다. 한국에서 연봉이라는 단어가 널리 퍼진 것은 프로야구가 출범하면서부터일 것이다. 몸값 협상이 월급쟁이라는 집단에서 개인의 문제로 변화된 것이다. 연봉이라는 단어와 월급이라는 단어의 차이는 사실 노동 대가를 월 단위로 끊어 계산하느냐, 연 단위로 계산하느냐는 차이다. 연봉을 1/12로 계산하느냐 퇴직금 포함해서 1/13로 계산하느냐의 꼼수도 횡행하지만 일단은 그랬다. 연봉 계약을 했다는 사람은 어쩐지 좀 더 고급스러워 보였다.

어찌 되었건 매월 정해진 돈 받으면 되지 않느냐고? 물론 그렇게 말할 수도 있겠지만 월급과 연봉에는 엄청난 차이가 존재한다. 월급은 통상 종신 고용이 전제거든. 그런데 연봉은 말 그대로 계약 기간이 회사가 지켜야 할 고용 기간이다. 프로 스포츠 선수들이 왜 연봉제로 계약을 했겠냐. LA다저스가 류현진한테 일흔이 넘도록 돈을 줄 수는 없는 노릇 아니냐. 몸이 탈 없이 작동할 때까지를 가늠해서 계약을 한다. 그런데 류현진처럼 몇 년 만에 평생 먹을 식량을 비축할 수 있는 특별한 능력이 없는 사람들도 류현진과 같은 방식으로 계약을 하게 된 것이다.

월급쟁이들은 자본이 나이와 능력의 한계를 따져 물어 효율적으로 써먹을 수 있을 때까지만 고용하겠다고 선언한 그 순간, 쥐꼬리만큼 오른 연봉에 정신을 빼앗겨 팍팍해진 현실을 정확하게 바라보지 못했다. 성과급 같은 미끼가 눈앞에 아른거렸고 자신도 억대 연봉자가 될 수 있을 것이란 장밋빛 앞날만 본 것이다. 언론은 '대박'을 앞다투어 선전했고 "부자 되세요."가 대한민국의 공식 덕담이 되었다. 국가와 기업과 개인이 모두 혼연일체가 되어 돈에 환장한 것처럼 보였다. 그것은 유일하고 절대적인 가치로 작동했다.

연봉, 월급, 봉급이라는 단어들이 개인에게 작동할 때에는 큰 문제가 없다. 그러나 이것이 사회적 개념으로 작동할 때에는 정치적 용어로 바뀐다. 연봉의 시대에 들어서면서 임금노동자의 경제 활동 수명은 짧아졌다. 일찍 잘린다는 소리다. 그 짧아진 주기만큼 우리 삶의 호흡도 가빠졌다. 누군가는 억대 연봉자 대열에 합류했지만 그보다 훨씬 많은 사람들은 2년 계약, 1년 계약에 사인을 했고 '계절직'이니 '시간 선택제'니 하는 소리들도 흔해졌다. 산산조각 난 우리나라의 고용 현실에서는 시급제라는 극단적인 계산법까지 나오고 있지만 그것을 문제삼는 사람은 찾아보기 어렵다.

부인할 수 없는 사실은, 자본은 더 많은 일자리를 창출하는 것이 목적이 아니라 더 많은 이윤을 창출하는 것이 목적이라는 것이다. 이것은 시장이 존속하는 한 변할 수 없는 법칙이다. 그래서 자본주의다. 별 이변이 없는 한 너희 세대에게 일자리는 풍부하지 않을 것이다. 초고령화 사회로 진입하게 되면 젊은이들을 위한 일자리는 에베레스트의 산소만큼 희박해질 테니까. 2007년부터 2010년 사이에 대기업의 영업이익은 70% 이상 늘었지만 직원 수는 10% 정도 늘었다. 기업이 수익에 비례하는 만큼 신입사원을 채용해야 할 의무는 없지. 더구나 연봉제가 된 마당에 기업은 그런 체면 따위는 진즉에 개나 줘 버렸다. 언론을 통해서 미래의 경제 위기를 대비하기 위한 비축이라고 설명하면 되잖아. 그런데 영후야, 미래를 위한 그 준비는 우리 모두를 위한 대비책일까?

아빠는 2014년 현재 쉰두 해째 살고 있다. 그중에서 월급쟁이 생활은 대략 3년 정도 한 것 같다. 엄연한 회사라고 주장했던 컴퓨터 학원 1년, 조그만 인터넷 방송국에서 2년 못 되게. 그래서 가장 많은 사람들이 밥벌이 수단으로 삼고 있는 월급쟁이의 삶에 대해 경험에서 우러난 이야기를 하는 것이 힘들다. 사실 아빠가 살아온 경험이 많은 사람들과 비슷한 일반적 모델이라 보기 힘들다.

사람은 저마다 적성이란 것이 있는데 불행인지 다행인지 아빠는 정해진 시간에 출퇴근해서 정해진 일을 하고 정해진 요일에 쉬고 정해진 기간에 휴가를 가는 삶을 염두에 두지 않았다. 물론 미술을 전공한 탓이 가장 큰 분기점일 것이나 그것을 선택한 자체가 다른 길을 꿈꾸었던 증거일 것이다. 물론 화가라는 직업은 진즉에 작파했지만 중요한 것은 직업이 아니라 밥벌이에 임하는 내 태도일 것이다.

섣부른 단정일 수도 있지만 사람이 살아가는 데에는 두 갈래 길이 있다. 다른 사람이나 집단의 생각과 목표를 실현하는 일에 종사하는 길과 나 자신의 생각을 표현하는 길로 나뉜다. 갈림길은 아무래도 사춘기 무렵이었을 것이다. 그 시기 즈음에는 삶의 수단으로 어떤 도구를 손에 쥘 것인가라는 고민을 시작해야 하기 때문이다. 확고한 신념이 있다면 '무엇을 할 것인가?'라는 고민에서부터 잡생각의 갈래를 줄일 수 있다.

여하튼 아빠의 평생 노가다 코드로 볼 때 월급쟁이 3년이라는 시간은 분명 특이한 상황이라고 할 수 있다. 월급쟁이 3년의 경험은 결국 밥벌이에 대한 내 태도가 흔들렸던 시기였다. 가급이면 피해 왔던 일을 한다는 것은 그런 결정을 내린 시기에 경제적으로 절박했다는 반증이다. 그리고 월급쟁이 생활에 대한 개인적인 소감은 간명하다.

"나는 역시 이런 방식으로 살기는 힘든 사람이다."

아빠가 직장 생활에서 가장 견디기 힘들었던 일은 회식이었고 그 다음으로 견디기 힘든 일은 동의할 수 없는 내용의 일을 수행해야 한다는 것이었다. 그 자체로 수치심과 굴욕감을 느꼈다. 그 짧은 두 번의 직장 생활에서 나는 심지어 두 번이나 다른 사람에게 해고를 통보해야 했다. 직장의 우두머리들은 그런 역할을 직접 수행하지 않는다. 독대하고 앉아서 잠시 침묵이 흐르는 동안 서로 어떤 이야기를 나눌지 이미 알고 있다. 감정 없이 사실만 전달하는 것이 기술적으로 가장 권할 만한 방법이지만, 나는 남고 너는 떠나야 한다는 이야기에서 감정을 숨기는 일은 쉽지 않다.

내 생각과 전혀 다른 '조직의 입장'을 표현하는 일은 입안에서 모래를 씹는 기분과 같았다. 이를테면 자존감에 상처를 받았다. 그 상처와 밥을 맞바꾸는 일이 월급쟁이다. 그래서 아빠는 월급쟁이가 세상에서 가장 애처롭고 숭고한 직업이라고 생각한다.

대한민국 청춘들의 사망 원인 1위가 뭔 줄 아냐? 전체 국민으로 보자면 암이 가장 높은 사망 원인이지만 10~39세에서는 자살이 가장 높은 사망 원인이다. 특히 20대 사망자 40%가 자살자라고 한다.

내 방식으로 이해하자면, 지금 돈 없고 앞으로도 돈 없을 것 같아서 죽는 것이다. 돈 때문에 스스로 죽음을 택한 세대는 10여 년 전에 "아빠 힘내세요~ 우리가 있잖아요."라는 BC카드 CM송에서 "우리가 있잖아요."를 담당했던 세대다. 그 노래를 부르던 아이들이 부모보다 먼저 세상을 떠났다. 아빠가 힘내지 않으면 집구석 BC카드 펑크 나니까 죽도록 일하라는 것이 그 광고의 본질이었는데, 죽도록 일한 아빠는 여전히 성업 중인 BC카드에서 고리로 돈을 빌려서 지금 어느 변두리 골목에 가게를 차리고 퀭한 눈으로 기름에 닭을 튀기고 있고, 세상 떠난 첫째 아이 동생은 BC카드 같은 튼튼한 직장에 취업하기 위해 노량진 고시텔에서 공부하고 있다. 나는 이런 문장 배열이 가능한 너희들이 살아가야 할 세상이 혐오스럽다. 아프니까 청춘이라고? 분노해야 청춘이다.

영후야. 가급이면 월급쟁이는 하지 마라. 그러면 어떻게 먹고살란 소린가? 묘책은 없다. 무책임한 소리는 아니다. 만인을 위한 묘책이 있다면 세상이 이 따위로 굴러가겠냐. 나 역시 여전히 그 방법을 찾고 있다. 그 과정 중에 밥 먹고 살다 보니 쉰이 넘었다. 약간 배고파도 그런대로 버틸 수 있는 비결은 하나다. 좀 비겁한 조언인지도 모르겠지만…… 빚 없으면 살아가는 일 자체에 온 목숨을 걸 필요는 없다. 불안정성은 존재가 중심을 유지하려는 긴장감을 부여하기도 한다. 그리고 사람들이 흔히 하는 바보 같은 소리는 귀담아듣지 마라. 그런 거 있잖아.

"저는 큰 욕심은 없고 그냥 집 한 채 있고 삼시세끼 걱정 안 하고 몸 건강하면 충분합니다."

세상에 그런 큰 욕심이 어디 있냐.

하고 싶은 일과 해야 하는 일?

영후에게.

그곳 겨울은 빨리 오고 길지. 아빠는 지난 11월 1일부터 구례 오미동 작업장 난로에 나무를 넣었다.

견딜 만하냐? 너 원래 하기 싫은 일 하지 않고 20년 이상 살았잖아. 특별하게 군대를 빠질 조건도 아니었고 아빠가 국회의원이 아닌 관계로 일부러 빼지도 못했다. 무엇보다 나는 그럴 생각이 없었다. 너를 보내고 90일 병에 감염되어 나도 힘들었지만 이미 1년이 넘게 지난 지금도 내 생각은 다르지 않다. 너는 군대를 가야 한다고 생각했다. 현실적으로 너를 구속시킬 수 있는 거의 유일한 강제 조건이라서 그렇다. 군대가 사람이 살아가는 데 거의 도움이 되지 않는다는 것은 분명하지만 '구속 경험'은 그동안 누렸던 일상의 자유로움이 얼마나 대단한 것이었는지 실감하게 하는 효과는 있을 것이다. 갇히면 나가고 싶잖아.

부모로서 너에 대한 나의 우려는, 하고 싶은 일만 하고 살 수 있는 신의 아들도 아닌데 '자유의지' 같은 개념으로 스스로를 포장해서 맞닥뜨린 구차한 현실을 외면하는 모습을 보이지 않을까 하는 것이다. 인생의 8할은 구차함으로 이루어져 있다. 구차함을 피하기만 하고 별다른 삶의 의욕도 없는 인간 부류를 이전에는 '룸펜'이라고 불렀다. 요즘은 의미와 개념이 그때와 다르지만 종류가 다양하더라. '캥거루 족'이니 '니트 족'이니…… 물론 이런 신조어는 기성세대를 사회적 책임으로부터 유체 이탈 시키려는 의도로 만든 혐의도 있다.

몇 년 동안 오디션 프로그램이 아주 많이 생겼다. 나는 그렇게 많은 사람들이 가수가 되고 싶어 하는지 몰랐다. 딱 보면 아닌데 본인은 죽어도 하고 싶다는 것이지. 열정과 재능은 전혀 다른 문제다. 자신이 가진 열정의 크기를 재능의 크기로 착각하는 경우도 많다. 하고 싶은 일을 즐기는 것과 직업으로 삼는 것은 전혀 다른 차원이다. 즐기는 것은 그 일에 내 돈을 투척하는 것이고 직업이란 것은 다른 사람이 나에게 돈을 투자하는 것이다. 영화 〈나초 리브레〉에서 잭 블랙이 날린 대사를 좋아한다.

"하나님은 왜 제게 레슬링에 대한 열정과 거지 같은 재능을 함께 주셨나요?"

무슨 일이건 해야만 하는 상황이 몇 번 있었다.

아빠 나이 서른세 살 되던 해인 1995년은 개인사적으로 아주 힘들었다. 인생의 목적을 상실했다. 하고 싶은 일도 사라져 버렸다. 도구는 다룰 수 있었지만 도구를 사용할 이유가 사라진 것이다. 서른세 살에 갑자기 '나 뭐 하지?'라는 물음과 마주하는 것은 아주 고통스러웠다. 계속 살아야 한다면 이제까지와는 전혀 다른 일을 해야 한다고 생각했다. 이미 네가 태어난 다음이었고 1년 정도 거의 폐인 상태로 지냈다. 정신과 경제 모두 엉망이었는데 그때 15년 동안 해 오던 일도 접었다. 미술 학원에서 입시생들을 가르치는 일이었다. 저녁에 서너 시간 나가서 최소한의 식량을 보급해 왔는데 내 일상의 주장과 정반대되는 일이었다. 더 못 하겠더라. 인생의 방향도 상실했고 구차한 밥벌이 수단도 포기했다. 그때 큰아빠에게 부탁을 했다. 나 취직 좀 시켜 달라고. 아무 일이나 관계없지만 이제까지의 나와 무관한 일이면 좋겠다고. 완전히 방향을 잃어버린 것이지. 기억하고 싶지도 않다. 그 무렵을 기점으로 회복할 수 없는 것 몇 가지를 잃었다.

동생의 증상이 대단히 이례적이고 심각하다는 판단을 한 큰아빠는 얼마 지나지 않아 인쇄와 기획을 겸하는 곳을 소개했다. 사장을 만났다. 사장의 옷차림과 몇 마디 말투를 접하고 바로 알았다. 디자인과 관련한 일인데 나는 그곳에서 일을 할 수 없다는 사실을. 무용지물이란 말을 실감했다. 도구를 다루는 기능 문제가 아니라 도구가 어떻게 소용되느냐는 문제였다. 나에게 필요한 것은 생존을 위한 노동뿐만 아니라 그 노동의 이유까지였다. 그 사실을 깨닫자 목적 상실이라는 아픔보다 더 심한 통증이 왔다. 그 통증을 참고 출근할 수도 있었지만 그렇게까지 살고 싶지는 않았다.

큰아빠는 나름으로 신경 써서 동생이 잘한다 싶은 분야의 사람에게 부탁을 한 것이다. 그런데 아빠는 거부했다. 할 수 없는 일이 있다. 그린피스 회원에게 고래를 향해 작살을 날리는 직업을 권할 수는 없다. 작살을 날리는 행위 자체를 거부하는 것이 아니라 무엇을 향해 날아가는 작살이냐가 관건이다. 무엇이건 하겠다고 했지만 막상 그 대목에서 나는 멈추어섰다.

하고 싶은 일? 사치다. 할 수 없는 일만 아니면 무엇이건 해야 하는 시절도 있다. 1997년 가을, 아빠가 친구 유리 공장에서 몇 개월 일을 한 적이 있다고 말했을 것이다. 순전히 생계형이었고 이전에 내가 해 온 일들과 아무런 연관성이 없었다. 그런데 그 일은 할 수 있었다. 단순하게 몸 쓰는 일이 가진 장점이 있지. 그리고 그때는 육체노동에 대한 열등감과 '로망'도 있었다. 육체적으로 아주 힘들었다. 사흘 만에 오줌에 피가 섞여 나왔다. 2주일 정도 지나자 서서히 몸이 적응하기 시작했다. 자연스럽게 토요일과 일요일이 기다려졌다. 그러나 다른 문제가 불거졌다. 그 공장에는 사장인 친구 말고 두 명의 직원이 있었거든. 거의 가내수공업 수준이었다. 그들에게 나는 아무래도 부담스럽고 불편한 직원이었던 거지. 심지어 직접 표현도 했다.

"형님은 이런 일 할 사람이 아닌데……."

그런 상태에서 그곳은 나의 직장일 수 없었다. 나는 직원이 아니라 고문관 꼬락서니 민폐덩어리였다. 그런데 나는 돈이 필요했다. 내가 유리 공장 시다가 될 수 있는 방법이 뭔가? 그 공장에서 진짜로 필요한 인력이 되는 수밖에 없다. 그 작은 공장의 주요한 생산품은 베벨드글라스와 스테인드글라스였다. 두 가지 모두 조각 유리를 디자인에 맞춰 홈이 파진 금속 문살에 끼워 넣고 샌드위치 방식으로 앞뒤를 투명 유리로 막는다. 그 다음 실리콘으로 붙이면 안의 먼지를 털어 낼 방법은 없다. 나의 역할은 실리콘을 '치기 전에' 조립 완료된 제품을 광이 나도록 닦는 일이었다. 특별한 기술이 필요한 일이 아니라, 공장 인근 아주머니들이 부업으로 하던 허드렛일이었지.

일단 목표는 정해졌다. 다른 건 모르겠고 세상에서 가장 유리를 잘 닦는 사람이 되는 것이다. 그래서 개발한 것이 '젓가락 쩔러 넣기' 기술이었다. 항상 가장 닦기 까다로운 부분은 깎아 낸 유리 모서리와 금속 문살이 만나는 지점이다. 약간의 홈도 있고 기름기도 남아 있다. '난닝구' 쪼가리가 가장 잘 닦인다. 나는 쇠젓가락에 순면 속옷을 끼워 모서리를 공략하는 기술을 개발했고 그 공장 역사상 유리를 가장 잘 닦는 인재에 등극했다.

"이건 형님이 닦아 주세요."라는 말이 나오기 시작했다. 공장에서 필요한 사람이 된 것이다. 그때 내가 해야 하는 일은 유리를 닦는 것이었고 나는 그 일이 정말 하기 싫었다. 다만 유리를 닦는 그 순간은 세상에서 유리를 제일 잘 닦는 사람이 되어야 한다고 생각했다. 그래야 앞으로 유리를 닦지 않을 수 있는 것이다.

'하고 싶은 일'이라는 명제에 인생을 거는 헛심을 쓰지 마라. 너희의 분발을 독려하는 문구를 의심해라.

"노력은 배신하지 않는다."

헛소리다. 현실에서 노력은 우리를 자주 배신한다. 배신이라는 표현이 좀 부적절해 보이지만 여하튼 노력한다고 이루어지는 것은 아니다. '노력은 간혹 배신하지 않는다.'가 정확하다.

"천재는 1%의 영감과 99%의 노력으로 이루어진다."

희망 고문을 대표하는 카피다. 재능은 흥미와 바로 연결된다. 흥미가 있으니 시키지 않아도 노력을 하는 것이다. 특히나 창조적인 영역의 일은 1%의 재능만 가지고서는 죽었다 깨어나도 안 된다. 재능, '달란트'가 결정적이다.

개인이 설정한 롤모델이 저기 있다. 노력은 배신 어쩌구라는 문구와, 노력만 하면 천재도 제길 수 있다는 문장도 준비되어 있다. 앞만 보고 달린다. 실패한다. 다시 일어선다. 또 달린다. 이번에도 실패한다……. 거듭된 실패에도 그 일이 아니면 죽을 것 같은 경우가 아니라면 그냥 포기해라. 그리고 제발 엉뚱한 평가는 하지 마라.

"나의 노력이 부족했다."

입구는 제한되어 있고 그 문으로 돌진하는 개체 수는 엄청난데 경쟁에서 패배한 책임을 개인에게 전가시키는 비겁한 말이다. 시스템은 사람들이 하고 싶은 일 1순위가 '더 많은 돈과 권력'을 거머쥐는 일이라는 사실을 알고 있고 그렇게 가르쳐 왔다.

개인적으로 평생 이해하기 힘들었던 말은 나쁜 결과를 받아들고, "좋은 경험 했다."라고 말하는 것이었다. '나쁜 경험 했다.'가 정확한 것 아닌가. 위로를 목적으로 만든 말이겠지만 시간이 흐르면서 '실패=좋은 경험'이라는 등식이 잦은 위로를 부추기는 듯하여 듣기 불편하다. 어쩌면 다수의 탈락자를 하나의 소비자 집단으로 설정하고 있는지도 모른다.

어린아이부터 어른까지 포괄하는 사교육 시장이 대표적인 '실패 시장'이다. 출판 시장도 처세술과 위로, '멘토'라는 키워드를 팔아 치우고 있다. 매체는 성공 사례를 출력하면서 실패는 재도전이 당연하다는 관념을 재생산하고 있다. '실패 시장'은 수요가 끊이지 않는다. 사회시스템이 그것을 보장한다. 끊임없이 가동되고 소비된다. 너의 실패는 시스템의 수익 모델이 된다. 무엇보다 '실패 시장'은 시스템을 주목하는 불량스러운 실패자들의 시선을 흩트려 놓는다.

다시 말하지만 '하고 싶은 일'에 목숨 걸지 마라. 헛심이라는 말이 괜히 준비되었겠나.

일을 하고 있는 순간에 하고 싶은 일과 해야 하는 일을 두고 갈등하지 마라. 추하다. '나는 이런 일을 할 사람이 아니다.'라고 역력히 티를 내는 행동 따위는 주먹을 부른다. 그것은 내가 얼마나 한심한 인간인지를 드러낼 뿐이다. 미숙한 것은 문제가 아니다. 제정신 박힌 작업자는 동료 작업자의 미숙함을 탓하지 않는다. 불성실한 것이 문제다. 불성실은 같이 일하는 사람의 노동에 대한 모독이다. 작업 도구를 내려놓고 그곳 사람들에게 정중하게 인사하고 꺼질 것이 아니라면 지금 하고 있는 일에 집중하는 것이 옳다.

하고 싶은 일과 해야 하는 일 사이에서 고뇌하는 청춘들이 많다. 그 '하고 싶은 일'이 단지 직종에 관한 것이라면 그의 고뇌는 습자지 두께다. 그 '해야 하는 일'이 단지 직업에 관한 것이라면 그의 고뇌는 살얼음의 단단함보다 못하다.

하고 싶은 일이 사회정의 구현인가, 판검사인가?

목표를 이루고 싶은가, 그 자리에 앉고 싶은가?

사회정의를 구현하기 위해서 꼭 검사나 판사가 되어야 할 이유는 없다. 새벽 거리의 청소부도 사회정의를 구현할 수 있다. 농부도 사회정의를 구현할 수 있다. 살림 사는 주부도 사회정의를 구현할 수 있다. 판검사가 사회정의를 망칠 수도 있다. 질문의 껍질을 걷어 내고 속을 들여다보기를 권한다. 하고 싶은 일, 해야 하는 일이라고 표현하지만 혹시 그게 단순하게 직업이나 직장에 관한 개인의 희망을 말하는 것 아닌가? 그 희망을 탓하는 것이 아니라 그 희망하는 자리에 앉아서 '무엇을 이루고 싶은가.'라는 질문이 더 중요하다는 말을 하고 싶은 것이다.

"나는 대통령이 되고 싶습니다." 대통령이 되려는 이유가 뭔데?

"나는 의사가 되고 싶습니다." 의사가 되려는 이유가 뭔데?

"나는 농부가 되고 싶습니다." 농부가 되려는 이유가 뭔데?

뭐가 그리 까칠하냐고? 그저 제 욕망을 채우기 위해 어떤 자리에 오른 자들은 타인에게 피해를 주는 경우가 많기 때문이다. 정치인을 봐라.

어른들이 아이들에게 자주 던지는 질문이 있다. 앞으로도 계속될 질문이다.

"영후는 어른이 되면 어떤 사람이 되고 싶어?"

여기서 '어떤 사람'은 통상 인생의 방향이 아니라 세상에서 너의 역할을 뜻하는 것이다. 역할도 좀 멋있는 표현이고 적나라하게는 원하는 직업을 묻는 것이다. 참 한심한 질문이지만 아이가 대답한다. 대통령이다, 과학자다, 군인이다, 가수다, 배우다……. 그러면 어른들은 대부분 "왜?"라는 두 번째 질문을 하지 않았다. 인간의 역사 대부분 시간 동안 절대 다수의 인간은 자유의지로 무엇인가를 선택할 수 없었다. 선택의 여지 없이 그냥 그렇게 살아야 했던 사람들이 대부분이다. 그 시간들이 워낙 길다 보니 희망의 내용은 '신분 상승'이 대신했다. 그래서 지금보다 더 많이 가지고 더 강해지겠다는 미래를 말하는 아이에게 두 번째 질문은 불필요했다.

욕망의 이유를, 근거까지를 설명할 수 있어야 옳다. 그것이 이기적이건 이타적이건 관계없다. 이기와 이타 모두 생존 전략이다. 다만, 자신에게는 솔직하게 설명하라는 소리다. 이기적 욕망은 자체로 부끄러운 일이 아니니 굳이 화장까지 할 필요는 없다는 소리다. 생각이 명확하지 않으면 말이 긴 법이다. 스스로 제가 하는 일의 이유를 모르기 때문이다.

너는 스포츠에 별 관심이 없는 것으로 알고 있지만 '레알 마드리드'라는 세상에서 가장 비싼 축구팀을 맡고 있는 안첼로티 감독이 제법 마음에 드는 말을 했다. 그 감독 별로 좋아하지 않는데 이 말은 멋있었다.

"축구는 인생에서 별로 중요하지 않은 것들 중에서나 가장
중요하다."

하고 싶은 일과 해야 하는 일은 구분하고 선택할 수 있는 것이 아니다. 그런 선택과 결정은 끝이 없는 일이다. 덧붙여, 해야 하는 일은 하고 싶은 일의 머슴이 아니다. 앞에서 길게 주절거렸지만 원하는 직업으로서 가수가 되었다고 가정하자. 하고 싶은 일을 전업으로 하는 것이다. 그러나 그 순간부터 부르고 싶은 노래만 부를 수는 없을 것이다. '불러야 할 노래'가 7할을 차지할 것이다. 그 7할이 나머지 3할, '부르고 싶은 노래'를 부를 수 있게 하는 밑천이다. 원하는 일만 해도 그 일 안에

서조차 하고 싶은 일과 해야 하는 일이 나누어진다. 그게 삶과 일의 맨얼굴이다. 클라이맥스만으로 채워진 영화는 없다. 그런 영화가 있다 해도 그게 무슨 재미가 있겠나.

하고 싶은 일과 해야 하는 일 중에서 무엇을 택해야 하냐고? 허튼 소리 그만해라. "니가 진짜로 원하는 게 뭐야!"

만인을 위한 사실은 없다

영후.

《일러스트 파이 이야기》는 도착했다. 절판된 책이라니 네 전화 받고 바로 구매했다. 헌책이지만 상태는 좋은 것 같다. 벚꽃 피는 금요일 오후라 우체국으로 나가지 못했다. 하동 방면으로 차가 엄청 밀린다. 월요일에 보낼 것이다. 비가 세차다. 바람도 세차다. 벚꽃 잎은 이 비바람에 거의 떨어질 것이고 저녁의 벚꽃 축제는 틀렸구나.

점심 먹고 〈한겨레〉에 실린 김민기 인터뷰를 읽고부터 내리는 빗소리를 들으며 이렇게 손 놓고 스피커 볼륨을 높이고 있다. 김민기와 양희은이 부른 같은 노래 '두리번거린다'를 계속 듣고 있다. 김민기 인터뷰 중에,

"87년 시청 앞 광장에서 이한열 노제가 벌어질 때 어디 계셨
나?"
"나, 거기 있었다."

딱 그 대목에서 마음이 내려앉았다. 1987년 7월 9일 시청 앞 노제 장면에 관한 이야긴데 너는 검색해야 알 수 있는 역사의 어느 한 장면이다. 백만 명이 자신이 작곡한 노래를 부를 때, 그 군중 속에서 무슨 생각이 들까?

내가, 아빠가 보인다. 아주 작은 내가 보인다. 사실 좀 큰사람이 되고 싶었는데, 결국 큰사람은, 그런 욕망 따위는 없어야하는 것이었다. 세월호 유가족들이 자식들 영정 품에 안고 길을 걷고 있다. 마음이 두리번거린다.

목소리가 크다고 그 소리의 내용이 꼭 옳은 것은 아닐 것이다. 김민기는 항상 낮고 느리게 말을 한다. 그러나 그의 노랫말에 나는 쉽게 설득당한다. 인터뷰 기사를 보면서 그 사람을 관통하는 하나의 일관된 생각이 있고 그 생각에 따라 매 순간 판단하고 살아온 사람이라는 느낌을 받았다. 일관된 생각으로 살아간다는 것은 쉽지 않은 일이다. 내 안의 모순이야 일상적이지만 적어도 타인에게 비춰지는 한 사람의 인생이 일관된 결정의 연속이기란 더더욱 쉽지 않다. 이른바 살아지는 대로 생각하는 것이 아니라 생각한 대로 사는 모습이겠지.

나는 누군가를 판단할 때 그 사람에게 자기 잣대가 존재하는지 여부를 항상 가늠했다. 그것을 철학이라고 부르건 소신이라고 부르건 주관이라 부르건 관계없다. 마트에서 장을 볼 때 식재료를 고르는 기준에서부터 대통령 선거에서 누군가를 찍는 행위까지 모두를 관통하는 하나의 잣대가 있어야 한다고 생각한다. 설령 지켜지기 힘들더라도 판단은 '나의 기준'을 필요로 하고 한 사람에게는 가급이면 하나의 잣대가 있어야 한다고. 상황과 경우에 따라 여러 개의 잣대를 번갈아 꺼내든다면 잣대로서 의미는 없는 것이다.

살아오면서 까칠하다는 소리를 제법 들은 편이다. 무난한 사람은 아니라는 정도로 그런 지적을 인정한다. 아전인수식 해석인지 모르겠지만 까칠하다는 말을 '태도가 분명하다.'는 말로 이해한다. 태도가 분명한 것이 좋은 것인지 나쁜 것인지에 대해서도 해석은 분분하겠지만 아빠는 어떤 사안 앞에서 태도를 명확히 하는 편이다. 말이 많은 편은 아니지만 입이 묵직한 스타일 또한 분명 아니다. 듬직하고 신중하게 말없이 앉아 있는 사람들을 보면 좀 답답해하는 편이다. 태도를 명확하게 밝히는 것도 신중한 태도의 한 모습이다. 물론 다물 때와 열 때를 구분하면 조금 더 아름다울 것이다. 때에 따라서 말하지 않아도 알 사람은 안다. 그 말은, 말해도 모르는 사람은 모른다는 뜻이기도 하다. 다만 입 밖으로 꺼내 놓으면 증거로 쓰일 테니 감당할 수 있을 때 하는 것이 좋겠지. 감당이 곧 능력이다.

태도가 분명하면 감당해야 할 일도 또렷해진다. 전선이 명확해지는 것이다. 모난 돌이 정 맞는다는 말에서 '모나다'는 것은 두드러지다는 의미와 둥글지 못하다는 뜻을 동시에 가지고 있다. '두드러지다'와 '둥글지 못하다' 가운데 어떤 의미를 중히 여기느냐에 따라 삶의 태도는 갈라선다. 남의 생각으로 사는 것보다 가급이면 내 생각으로 살고 싶다. 쉰을 넘기고 보니 평지풍파는 없더라. 다수의 침묵 속에 평화를 위장한 고요가 있을 뿐이다. 이유 없는 풍파가 어찌 있겠냐. 다 머리 쳐드는 놈을 경계해서 만든 말이다. 그러나 결국 일은 터진다.

사람은 살면서 전체 인생의 방향을 결정짓는 몇몇 장면과 마주하게 된다. 물론 그런 장면이 한 번은 아닐 것이다. 어쩌면 날마다일 수도 있고 매 순간일 수도 있다. 그러나 역시 인생의 방향을 결정하는 어떤 장면은 청춘기인 경우가 많을 것이다. 껍질이 단단해지기 전, 영향받기 적절한 시기다. 어떤 사람과의 만남일 수도 있고 한 권의 책일 수도 있고 특정한 사건일 수도 있다. 그런 장면들이 인생의 분기점이다. 나에게 그런 장면은 언제였을까? 두 장면 정도가 지금의 '내 태도'를 형성하게 만든 마디였던 것 같다.

동화에서 소설로 전환하는 시기가 있다. 2차 성징이 나타나는 시기이기도 하다. 혁명적인 몸의 변화는 성적 욕구만 넘치는 것이 아니라 이제까지와는 다른 정신적 영양분도 필요로 한다. 중학교 2학년 어느 날 봄이었다. 수업은 넋 놓고 흘려보내고 창 너머 교정을 바라보면서 뭔가를 끄적거리고 있었다. 적어 놓은 것을 읽어 보니 그때까지 내가 썼던 글과는 다른 무엇이었다. 이를테면 동시가 아니라 시였던 것이지. 기분이 묘했다. 나도 이런 글을 쓸 수 있나? 그 무렵에 읽은 책이 《우리들의 시대》였다. 일종의 성장소설이다. 지금도 이른바 순수문학이라는 영역의 사람들에게 큰 인정을 못 받고 있는 최인호의 소설이고 대표작이랄 수도 없는 작품이다. 그 소설이 발화점 역할을 했다. 그 당시 내 나이에 읽기 적절하거나 읽어 낼 수 있는 소설이었다. 나의 연대기적 좌표를 확인한 것이다. 나는 책을 읽을 수 있는 아이로 성장했다.

내가 생각하는 문학예술의 본성은 진보다. 다수가 이루지 못한 일에 대해서 말하는 것이 문학예술의 역할이다. 성취를 자랑하는 것은 문학예술이 아니다. 갈망을 드러내는 것이 문학예술이다. 이루지 못했기에 유지가 아닌 변화를 꿈꾼다. 결과론적으로 진보적이지 않았던 위대한 예술가는 없다. 세월이 흘러 변절하더라도 그의 작업이 대중에게 각인된 정점은 필연적으로 진보다. 의도했건 의도하지 않았건 그러하다. 이때 진보의 스펙트럼을 정치로 한정할 필요는 없다.

소설을 심하게 읽기 시작했다는 의미는 한 사람의 성향을 결정짓는 인프라가 깔렸다는 뜻이기도 하다. 또는 수학과 멀어지기 시작했다는 신호이기도 하다. 수학에 소질이 없다는 말은 대한민국에서는 공부를 잘하는 학생이 될 확률이 확 떨어진다는 뜻이다. 아빠는 결국 책과 만나서 나름대로 대안을 찾았다. 꿀리지 않을 다른 무기를 장착한 것이다.

아빠의 이력에서 미술을 전공했다는 사실에 의미를 두는 사람이 많은데 그것은 그렇게 중요하지 않다. 어떤 생각으로 미술을, 문학을, 음악을, 무용을, 사진을 하느냐가 중요한 것이다. 화가는 캔버스에 빨간색을 칠하는 사람이 아니라 왜 빨간색을 칠했는지를 설명하는 사람이다. 어차피 도구다. 나를 말하는 도구다. 미술이 중요한 것이 아니라 나를 말할 수 있는 도구를 다루는 인생으로 방향을 설정했다는 점이 일차적인 분기점이다.

아주 미친놈처럼 그림을 그렸다. 설치미술과 행위 미술에 빠졌다. 학교에서 교수들이 하는 소리가 우스웠다. 그들은 무지했고 그것을 감추기 위해 거짓말을 일삼았다. 그들과 싸우기 위해서 학교를 다니는 것 같았다. 그 양반들 처지에서는 지독하게 싸가지 없는 태도였겠지만 그때나 지금이나 내 생각은 같다. 생물학적 나이로 어른이 되고 보니 그 당시 나한테 당했던 그 무늬만 어른들이 더 한심스럽다. 그들은 단지 직장인이었을 뿐이다.

학점과 졸업장은 중요하지 않았다. 오로지 피카소를 쳐부수는 일에만 집중했다. 왜냐하면 내가 무슨 짓을 해도 그 양반의 생각이 이미 도달한 길 끝이었기 때문이다. 벽을 만나면 책을 읽었다. 국내에 번역된 거의 모든 미학 책을 읽었을 것이다. 뭘 엄청 읽은 것처럼 들리겠지만 1980년대 중반까지 그런 책은 몇 권 되지 않았다. 무슨 말인지도 모르고 읽었다. 단지 내 행위의 이유를 알고 싶었다. 원래 그러다가 하나 얻어 걸리는 것이다. 그러나 그런 책은 대부분 사람을 점점 더 미궁으로 빠져들게 한다.

1980년대 중반 대한민국은 출렁거렸다. 새로운 책들이 쏟아져 나왔다. 자연스럽게 사회과학 서점으로 발길을 옮겼다. '빨갱이 의식화 마트'가 사회과학 서점이다. 결과만 놓고 보면 아빠는 의식 없이 스스로 의식화된 셈이다. 맑시즘 미학의 어느 대목에서 내 나름대로 저항한 것이 결국은 부처님 손바닥 안에서 벌인 싸움이었다는 비참한 사실을 알게 되었다. 부처님 손바닥은 자본시장이었다. 상품화를 말하는 것이다. 시장은 나의 생각이건 내 반대편의 생각이건 관계없이 모두 수용하고 상품으로 흡수한다. 마치 이란과 이라크가 전쟁을 할 때

양쪽에 모두 무기를 팔아먹는 것과 같은 꽃놀이패다. 그렇게 살아야 할 이유를 상실했다. 허망하지. 나이도 어린데. 스물 셋. 몇 개월 작업을 작파했다.

1986년 11월 4일에 그가 죽었다. 이름은 진성일이다. 모르는 사람이다. 같은 학교를 다니던 학생이다. 스스로 몸에 불을 지르고 문과대학 5층 옥상에서 뛰어내렸다.

"사람이 죽었다!"

라면 먹다가 사람들이 달려가는 쪽으로 뛰어갔다. 문과대학은 빨간 벽돌 건물이었다. 시신은 절반쯤 합판으로 가려져 있었다. 주변은 온통 소화기에서 나온 가루가 휘날려 엉망이었다. 군부독재 타도하자는 전단지가 그 사이로 몇 장 흩날리고 있었다.

그날 밤. 나는 광안리 작업장에서 다음 날 문과대학 벽에 걸 커다란 그림을 그리고 있었다. 새벽에 선배가 사복 경찰들이 배치되기 전에 학교로 들어간다며 가지고 나갔다. 점심 무렵이나 되어서 학교로 올라갔다. 운동장 쪽에서 문과대 쪽을 바라보았다. 가로 5m 정도였는데 작업장에서는 그렇게 커 보이던 그림이 붉은 문과대 벽, 그가 뛰어내린 자리에 손수건처럼 걸려 있었다. 가슴이 벌렁거렸다. 누가 나를 보는 것도 아닌데 얼굴은 붉게 달아오르고 그림을 정면으로 바라볼 수 없었다. 문과대 투신한 자리 부근으로 사람들이 왁자하고 운동장에는 여느 때보다 많은 사람들이 미어캣처럼 서 있었다. 나는 그들 사이에서 나의 소행을 훔쳐보았다. 사흘 동안 집회가 이어졌고 운동장에서 빈 관을 태우고 11월의 사건은 끝이 났다. 학과에서는 은연중에 그 그림을 내가 그렸을 것이라는 풍문이 나돌았다. 평소 전혀 정치적이지 않았지만 사사건건 수업 교과과정 문제로 교수들과 싸웠던 나의 이력 탓에, 그리고 어쩔 수 없이 그림에 지문이 남을 수밖에 없었던 탓에 그렇게들 짐작했다.

그로부터 1년 후, 1987년 12월 대통령 선거를 며칠 앞두고 나는 부산 금정경찰서에서 이틀째 조사를 받고 있었다. 창 너머로 희뿌연 새벽을 보았다. 복도를 걸어가다가 결국 집으로 전화를 했다. 이른 새벽, 벨 소리 단 한 번에 수화기를 든 할머니의 첫마디는 '여보세요?'가 아니었다.

"너 지금 어디 있냐?"

그때 나는 어디에 있어야 하는지 분명하게 알고 있었다. 행위와 목표가 가장 또렷했던 시기였다. 그것은 하나의 좌표였다. 지금 나의, 사사건건 무엇에든 분명한 삶의 태도는 그렇게 만들어졌다.

이후로 30년 동안 세상에 대한 나의 태도에 큰 변화는 없었

다고 생각한다. 물론 모서리가 많이 허물어졌다. 그러나 근본
방향이 변했다고 느끼지는 않는다. 남들이 어떻게 생각하는
지는 모르겠다. 모서리가 허물어졌다는 것은, 이제 나는 이놈
의 세상에 대한 혁명과 너의 안락 중 무엇을 택하겠느냐는, 연
못에서 솟아난 신선의 질문 앞에 즉답을 하지 못하고 잠시 망
설인다는 뜻이다. 행동은 생각의 증거다. 스스로에게 오랜 시
간 동안 다짐한 것이 하나 있는데, 만약 내가 나의 생각을 아
주 커다랗게 배신한다면 그 사실 자체를 인정하겠다는 것이
다. 나를 제외한 다른 이들이 틀렸다거나 이전의 내가 잘못 생
각했다는 따위의 구구한 변명을 늘어놓지 않겠다는 소리다.

1980년대 온 시간 동안 아빠 세대의 화두는 '나는 80년 5
월 17일 밤에 도청에 남을 수 있었을까?'였다. 계엄군 진압을
앞둔 광주 도청 안에서 총을 들고 새벽을 맞이한 사람들 이야
기다. 죽음을 예정한 태도였다. 싸움은 '이길 것 같아서' 하는
것이 아니라 '그들이 틀렸기 때문에' 수행하는 경우가 많다.
나를 향한 그 질문의 무게가 이제 많이 옅어졌지만 이제 전혀
다른 질문이 가능한 시절이다.

"당신의 아들이 도청에 남겠다면 동의하겠는가?"

생각과 행동이 다른 경우는 많다. 실수를 무수히 반복하지
만 최소한 내가 반칙했다는 것을 인정하는 것이 중요하다. 생

각대로 행동하는 것은 큰 용기를 필요로 하는 일이다. 그리고 아주 불편한 일이다. 문제는 자신의 행동이 생각과 달랐다거나 거짓이었다는 사실을 자꾸만 부정하다 보면 인간이 추해진다는 것이다. 거짓이 진실의 반대 의미라면, 사람이 거짓말을 하는 이유는 어떤 사실이 나를 불편하게 만들기 때문이다. 세상에 대한 나의 태도란 대부분 나의 이익과 연관된 결정을 하는 행위다.

간혹 만인을 위한 사실은 존재할 수 없다는 생각을 한다. 사실은 모두에게 사실인가? 사실이 곧 진실인가? 영후, 어떻게 생각하나. 사실은 곧잘 내 처지에 따라 존폐 위기에 빠진다. 그런 터라 아빠는 물리적 영역이 아닌 사유의 영역에서 '객관'이라는 단어는 아주 오래전부터, 존재하지 않는 신기루를 규정한 개념이라고 생각해 왔다.

객관 : 자기와의 관계에서 벗어나 제 삼자의 입장에서 사물
        을 보거나 생각함.
개념 : 여러 관념 속에서 공통된 요소를 추상하여 종합한
        하나의 관념.

내 생각은 분명하고 여전하다. 간명하게 정의하자면, 객관

은 없다. 만인이 인정하는 그런 잣대가 존재한다면 세상이 이렇듯 불합리하지는 않을 것이다. 세상은 오로지 주관과 주관이 충돌하고 거기에서 우월하다고 판가름 난 주관이 객관으로 행세하거나 다수가 곧 객관으로 둔갑하는 상황이 반복되었을 뿐이다. 다수가 곧 사실이고 진리라면 세상 이치란 것이 너무 쉽잖아.

바꾸어 말하면 주관도 없는데 객관적일 수 없다. 그것은 "참되게 살아라."는 말처럼 밑도 끝도 없는 공허한 수사다. 그래서 아빠는 주관이 중요하다. 그것에서 판단이 시작된다. 주관은 물론 사람마다 다를 수 있다. 다르다는 것은 틀렸다는 의미가 아니다. 하지만 사람들은 나와 다른 것에 대해 "그 사람이 틀렸다."고 말하지. 나와 다른 생각 앞에서 불쾌한 것이다. 결정이란 종합적 상황 또는 사실 관계 속에서 태도를 정하는 일인데 대부분 감정이 개입된다. 어쩌면 감정이 결정에 더 많은 영향을 미치는 경우가 많다.

문제는 감정이 곧 사실은 아니라는 점이다. 내 감정을 합리화하기 위해 생각을 동원할 때 두 주장은 합의에 도달할 수 없다. 상대방의 이야기가 끝나기도 전에 나의 감정은 이미 판단을 해 버렸고, 상대방의 이야기가 끝나면 어떻게 받은 만큼 되돌려 줄 것인가를 생각하느라 머릿속은 분주하다. 이것은 엄

밀하게 따지고 보면 생각이 아니라 '반응'이다. 내 경우나 사람들을 겪어 본 바로는, 생각 많은 사람은 상황에 대한 자신의 반응을 생각의 결과라고 오인하는 경우가 많았다. 생각이 깊다는 것과 생각이 많다는 것은 다른 것이다.

다르다는 것이 틀렸다는 것은 아니듯, 나와 다른 것에 대해서는 침묵할 수 있지만 틀린 것은 틀렸다고 말하는 것이 옳다. 영후, 틀린 것을 어떻게 판가름하냐고? 대부분 개인의 욕망 때문에 타인의 존엄을 해치는 경우는 두들겨 패야 할 나쁜 놈들이다. 그런 행동이 설사 눈앞의 내 이익을 날려 먹더라도 인생의 잣대는 가급이면 상대평가가 아닌 절대평가인 것이 좋다. 상대평가처럼 때때로 달라지는 기준을 들이대면 상황에 따라 여러 개의 잣대가 난무한다. 나의 이익에 중심을 두기 때문이다.

누군가를 존경한다면 그의 생각과 실제 삶이 일치한 경우가 많을 것이다. 존경하는 마음을 결정하는 것은 절대평가를 기준으로 하고 내 삶의 방식을 결정하는 것은 상대평가로 가름한다면 감상용 인생과 직접 겪는 인생을 분리하겠다는 이야기 이상도 이하도 아니다.

나는 모든 것을 내려놓은 사람의 인생 이야기보다 치열하게 살았던 사람의 이야기가 더 오래 가슴에 남았다.

아들, 한 번 사는 인생이다. 너에게 거짓말 하지 마라.

4

세상

그때 나는 일병이었다. 첫 휴가였고 부산은 적막했다. 베란다에 묶여 있는 노란 리본이 눈에 띄었다. 이제 나는 병장이다. 배 안에는 미래에 병장이 될 아이들도 있다. 밖은 비가 내리고 있다. 작년 구조 작업이 한창일 때도 비가 내렸다. 배가 가라앉은 지 1년이 지났고 이런저런 말들이 넘쳐 나지만 그게 물 밑의 아이들에게 무슨 위로가 될는지 모르겠다. 오늘도 우리는 한가하다. 짧은 묵념조차 없을 듯하다. 비가 많이 온다.

병장의 편지

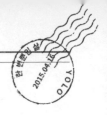

아빠, 지난 주에는 월, 화, 수 연달아 훈련을 했어. 망할, 절벽에 있는 표적에다가 풍선도 달았다. 별거 없는 훈련이라더니 왔다 갔다 짜증 났지. 별거 없긴 해. 그냥 시끄러운 FTX(야외기동훈련)였다. 그리고 우린 정말 형편없었다. 짜고 치는 훈련도 이렇게 못하는데 무슨 전쟁이야. 내가 풍선을 맞추기는 했는지 모르겠다. 모르겠지만 끝났다.

어제는 하루 종일 잠만 잤다. 저녁은 치킨이었다. 잠깐 좋았는데 한 입 베어 보니 안 익어서 뻘건 살이 드러났지. 따질까 하다가 그만 두었어.

이제 병장 2호봉이야. 이병 권영후와 병장 권영후는 다르다. 생활 태도도 생각도 다. 이병 때야 청소가 잘 안됐다고 혼나면 '아 내가 잘못했구나. 다음부터 더 열심히 해야지.'라고 생각했는데, 지금은 '아 씨바 내가 더럽게 살겠다는데, 뭔 상관이야.'라고 생각해.

빱이 찰수록 '내가 여기서 도대체 뭐하는 거지?'라는 생각밖에 안 든다. 요즘은 동기들끼리 모여서 한 생활관을 쓰니까 우리 생활관은 병장들만 모여 있고 보기 흉하다. 〈스카이림〉이라는 게임이 있는데, 거기 나오는 드로거(좀비)라는 놈들이 딱 병장 같아. 어둡고 음침한 곳에서 살고 주변은 물건들이 너저분하게 깔려 있고 안 깨우면 안 일어나고……. 사실 딱히 시키는 것도 없다. 그럼 전역을 시켜 주든가.

동기들은 군대가 아니라 "밖이면 뭐라도 할 텐데 시간이 아깝다."라는 말을 자주 한다. 글쎄, 시간이 아까우면 뭐라도 하든가. 이 새끼들이 생활관 불을 계속 꺼 놓고 커튼을 쳐 놔서 그림도 못 그리겠고 책도 못

본다. 그렇다고 밖에 나가서 하자니 붙들려서 작업이라도 할 것 같고. 결국 나도 이런 핑계를 대면서 똑같이 누워 있어. 밖이면 뭐라도 할 텐데. 씨바.

오늘은 ○상병 어머니가 오셨다. 어제는 ○상병이 나를 초대해서 족발, 치킨, 김밥, 만두, 감자튀김을 먹었는데(다 먹지는 못했지만), ○상병 어머니는 회를 가져오셨더라. 광어, 도미 연어가 스물네 점 놓여 있고 무채가 가득했다. 비효율적이라는 생각이 들었지만(얻어먹는 주제에), 부대 안에서 회라니……. 경건한 자세로 먹었어.

지난 해, ○상병 어머니가 면회를 오셨을 때도 몇 번 초대를 받았지. 아빠도 알다시피 그때는 좀 힘들어서 이런 얘기 편지로 쓰고 할 정신이 없었다. 무사히 지나가서 다행이다. ○상병 어머니는 다음 주에 오겠다며 가셨다. 나도 엄마가 보고 싶다.

어제 아빠 편지하고 책이 왔어. 병장쯤 되면 편지는커녕 전화도 잘 안 하지만 아빠가 편지를 적는 사람이어서 다행이다. 이제 쉰여덟 번 정도 근무를 들어가면 말출이다. 아직 많이 남았구나……. 잠이나 자야겠다.

거짓말 공장과 월급쟁이들

영후에게.

혹한기 훈련이 취소된 것이 아니었구나. 짧게라도 해서 다행이다. 별 하는 일도 없는 너희들이 겨울에 그 훈련이라도 하는 것이 추억 만들기에 적당하지 않겠냐. 제대하고 나와서 뭔 이야깃거리라도 있어야지. 여하튼 이제 몇 개월 남지도 않았구나. 슬슬 제대하고 어떻게 지낼지도 고민해야겠다. 물론 그 안에서 세운 계획이란 것이 나와서 무슨 소용이 있는 것인지 장담할 수는 없다만. 생각은 보통 현실보다 힘이 약하다.

할아버지는 신문기자였다. 1980년까지였을 것이다. 전두환이 권력을 잡으면서 지방 언론사를 통폐합했다. 그게 뭐냐면 한날한시에 언론사 사장들 잡아다가 두들겨 패고 협박해서 "너는 누구와 합치고 너는 그냥 회사 포기해라." 하는 말을 그냥 거리낌없이 하고는, 그대로 실행해 버린 정말 놀라운 시절이야기다. 할아버지는 그때 〈경향신문〉 부산 주재 기자였다. 얼핏 계산을 해 보니 할아버지 연세 그때 겨우 쉰이었다. 내가 금년에 쉰셋이다만 할아버지의 그때를 실감하기 힘들다. 막막했을 것이다. 아이 셋 아래로 한참 돈이 들어갈 즈음이었다.

아빠 어린 시절에 기자는 멋있는 직업이었다. 사각형 검은색 지프가 내 머리에 박힌 신문사 차량이었고 바람에 휘날리는 바바리코트가 기자의 패션 코드였다. 기자를 "가시관의 제왕"이라고 칭하기도 했다. 진실을 보도해야 하니 고난을 자청하는 정의의 사도여야 했지. 직업인으로서 기자는 그러해야 했지만 아버지가 때로 보이셨던 모습은 그런 이상과 약간 거리가 있었다.

정확하게 기억한다. 숙취로 이불에 누우신 상태로 〈동아일보〉 기사를 베껴 쓰시던 할아버지 모습을. 물론 항상 그러신 것은 아니지만 아주 가끔은 그렇게도 기사를 쓰고 송고하셨다. 그 시절 신문이라면 단연 〈동아일보〉였지. 억압받고 투쟁하는 신문의 대명사였으니까. 〈동아일보〉도 한낱 신문지가 아니라 진짜 신문이던 시절이 있었다.

지금도 할머니 집에는 할아버지 기사 스크랩이 있을 것이다. 당신 스스로 생전에 자신의 기사를 그렇게 정리해 두셨다. 세상 떠나시고 한 번 살펴보았다. 사건 기사보다는 기획 기사 가운데 애정이 가는 글이 몇 편 있었다. 주로 사람들 이야기였다.

사실 아들이 보기에 아버지의 모습이 정의의 사도이거나 진실을 추구하는 민완한 이미지의 직업인은 아니었다. 기억 속에 책을 읽거나 글을 쓰시는 모습은 거의 없다. 펜 대신 소주잔을 항상 들고 계셨지. 대부분의 자식들에게 아버지의 직업은 그냥 아버지인 것이다. 여하튼 우리 시절에는 학교에서 가정 형편에 대한 조사 같은 것이 있었다. 그때 우리 아버지의 직업이 기자라는 사실은 분명 제법 뿌듯한 대목이긴 했다. 동네 사람들도 '기자 집'이라고 불렀다. 아빠의 글 쓰는 이력도 결국 할아버지로부터 물려받았을 것이다.

2000년 초반에 서울로 밥벌이하러 들어간 곳이 이를테면 인터넷 방송국이었는데 그때 든 생각은 정말 기자와 PD가 넘쳐 나는 나라가 대한민국이라는 사실이었다. 비디오카메라 들면 PD고 명함만 파면 기자인 듯했다. 매체가 많은 것이 나쁜 일은 아니다. 제각각 나름의 목소리를 내고 제각각 고유한 영역이 있다면 전혀 나쁠 것 없다. 하지만 엄청나게 증가한 매체의 대부분이 똑같은 소리들을 하고 있으니 종이와 전파, 인터넷 전용선 낭비인 것은 분명하다. 월급 받고 일을 한다면 뭔가 사회적으로 소용되는 '필요'를 생산해야 할 것인데 대부분 쓰레기나 내놓고 있으니 하는 소리다. 언론이 사회정의 구현이라는 멋있는 말까지 실행하기를 기대하는 것은 아니지만 사회악을 양산하는 특정한 누군가의 입 노릇에 집중하고 있으니 이미 언론사는 거짓말 공장이고 언론인은 그 공장의 부역자인 단순 월급쟁이에 불과하다. 직업에 부여되는 사회적 의미는 없다. 단지 임금만 유효할 뿐이다. 물론 이런 현상은 언론만의 문제는 아니다. 사회 전 부문에 걸쳐 직업의식은 없고 연봉만 존재한 지 오래다. 그런 사회에서는 행복하기 힘들다.

나는 오래전부터 여론이라는 개념을 받아들이지 않는다. 여론이란 사회 구성원들의 공통된 의견이다. 마을 안에서 일어난 두 할머니의 싸움조차 옆에서 지켜본 것이 아니라면, 누군가의 생각이 덧붙여지고 편집된 상태로 나에게 전달된다. 그래서 싸움 난 이야기를 듣고 나서 무엇이든 하려거든 처음부터 다시 무슨 일이었는지 살피지 않을 수 없다.

그런데 우리가 듣게 되거나, 사람들이 우리의 의견이라고들 하는 여론의 범위는 너무 넓다. 내가 사는 마을을 벗어난다. 그래서 사실 전달과 확보가 더욱 중요하다. 불확실한 정보, '카더라' 식의 정보만으로는 그 무엇도 책임 있게 할 수가 없다. 잘못이 생겨도 불확실한 정보 탓으로 나의 부끄러움을 떠넘기게 마련이다. 소문을 퍼뜨린 사람은 그런 무책임한 판단과 이야기를 다시 수집해서는 여론이라는 상품으로 세상에 살포한다. 사람들이 그리 말했다고 하면서.

결국 사실은 처지에 따라 연출되고 멋대로 편집된다. 그래서 뉴스가 곧 광고다. 우리는 흔히 광고를 위해 뉴스를 생산한다고 믿지만. 그것이 가능한 것은 누군가는 사회적 의제를 생산해 내는 거짓말 공장을 가동할 수 있기 때문이다. 더구나 그 공장은 궁극적으로 이윤을 창출할 수 있다.

영후야, 도대체 현대적 개념의 언론사라는 것은 왜 생겨났을까? 정의를 위해서? 사회적 약자를 보호하기 위해서? 지배 권력을 감시하기 위해서? 또한, 주절거린 이런 언론의 사명 같은 것들은 언제부터 생겨났을까?

내 말을 완전히 책임질 자신은 없는데…… 아빠가 볼 때 요즘 같은 언론사가 탄생한 이유는 돈벌이 때문이다. 그냥 새로운 직종인 거다.

사람들은 언론이 이러해야 한다, 저러해야 한다는 이상과 당위를 말하지만 무식해서 그런지 나는 여태 이른바 저널리즘이 그런 이상과 당위를 실현하고 있다는 족보를 본 적이 없다. 어쩌면 단 한 번도 그런 이상과 당위를 부여받은 적이 없을 수도 있다. 알 권리? 언론의 자유? 그런 건 합의된 바 없는 희망이거나 양날의 검이다. 그래서 저널리스트는 물론이고 저널리즘에 대한 사람들의 기대는 어쩌면 맥락 없는 억지다. 혈

연과 지연, 대가도 없이 누군가 칼보다 강한 펜으로 당신 편을 들어 주어야 한다는 희망 아닌가.

이른바 정의라는 깃발을 내건 저널리즘 또는 언론에 대한 생각은 지라시에서 비롯되었겠지. 서양 사람들 기준으로는 부르주아혁명 당시에 뿌려진 유인물이다. 왜 데모를 하는지 목소리로만 알리는 것에는 한계가 있었으니까. 지라시는 대중이 글을 읽을 줄 알아야 한다는 전제를 필요로 한다. 삼사백 년 전에도 지금처럼 99%의 사람들이 글을 읽을 수 있었다고 생각하면 오판이다. 물론 신흥 시민계급은 글을 읽을 수 있었지. 당시 혁명의 주체들이다. 그들의 구호 중에 '언론 출판의 자유'가 있었다. 혁명은 성공했고 그들은 그들이 무너뜨린 세력보다 강력한 지배 도구를 하나 더 모시게 되었다. 그게 바로 언론이라는 제품이다.

대한한국 언론은 자본과 정권이 소유하고 있다. 광고와 실제 지분이라는 두 가지 수단을 가지고 지배한다. 날이면 날마다 광고비를 쏟아붓는 삼성과 현대, SK를 비롯한 대기업들은 주요 언론사의 주주이기도 하다. 〈조선일보〉, 〈중앙일보〉, 〈동아일보〉는 모두 종이 신문과 종편 채널을 함께 소유하고 있는데, 이 회사들은 사주와 친인척들이 회사 지분의 대부분을 가지고 있다. 그래서 '족벌 언론'이라고 부른다. 종교

계도 언론사 하나씩 거느리고 있다. 〈국민일보〉, 〈세계일보〉, 〈대구매일신문〉 같은 것들이다. KBS는 이른바 공영방송이다. 정부가 100% 지분을 가지고 있다. 따라서 KBS가 로고송으로 내보내는 말마따나 "국민의 방송~"일 가능성은 희박하다. 정부 뜻이 곧 국민 뜻은 아니기에 그렇다. MBC는 '방송문화진흥회'가 70%의 지분을 가지고 있다. 방송문화진흥회 이사 임명권은 '방송통신위원회'에 있고, 방송통신위원장은 대통령이 임명한다. MBC의 나머지 지분 30%는 '정수장학회'에 있다. 지금 박 대통령의 아버지 박 대통령이 부산의 김지태라는 사람 재산을 빼앗아 만든 장학회다.

아빠가 좀 뒤져 봤는데, 물론 우연이겠지만 30대 기업 대부분과 '조중동'이라는 보수 언론의 대명사는 거의 혼맥으로 연결되어 있더라. 삼성의 경우는 우연이 겹치고 겹친 까닭에 조중동과 모두 사돈 관계다. 고려를 개국한 왕건의 짝짓기 작전과 같다. 분명히 우연이 틀림없겠지만 이 상황은 분명히 끔찍하다. '그들'이 바로 대한민국의 지배 구조를 이루고 있기 때문이다.

서울 시절 잠시 위성 채널에서 일을 한 내 경험에만 비추어 보더라도 사람들이 생각하는 언론의 이상적인 기능, 감시와 비판은 일종의 영화 속 이야기다. 그때 나는 이제 서너 번 나왔을까 한 월간지 편집에 대해 경영진이 관여하기 시작하는 과정을 구경할 수 있었다. 누구를 인터뷰해 달라거나 무엇을 취재해 달라거나.

가장 큰 힘을 가진 지배 세력이 자신들을 감시하고 비판할 수 있는 도구를 실질적으로 소유하고 있다. 그들은 지난 긴 시간 동안 충분하고 진정한 언론 자유를 누려 왔다. 그리고 이런 구조가 영원하기를 원하고 이것을 더욱 강화하기 위한 노력을 매일 더하고 있다. 언론이라는 총구에 기자라는 총알을 장전한다. 그들은 절대 방심하지 않는다. 그리고 대비한다.

퓰리처는 기자를 "국가라는 배를 지키는 파수꾼"이라고 한껏 치켜세웠지만 헛소리다. 사회 모든 계급 계층을 위한 국가는 없다. 그러나 그럼에도 언론은 존재할 일말의 가치가 있다. 저널리즘이 무조건 지배 이데올로기를 생산하는 역할만 하는 것은 아니거든. 저널리즘이 불확실성의 영향을 받기 때문이다. 양날의 검이라는 표현을 이미 했다. 부메랑으로 날아갈 수 있다. 결정적인 순간에, 여론이라는 이름으로.

서류상 인구 2만 7천 명이 사는 작은 지자체로 내려와서 살다 보니 생각과 다르게 의외로 높은 비율의 업종이나 직업인을 보는 경우가 많다. 읍내를 아무리 돌아다녀도 간판을 내건 간판집은 대여섯 개를 넘지 않지만 등록된 광고업자는 서른 명 정도 된다. 그러나 그보다 훨씬 놀라운 숫자는 이 시골에 기자라는 명함을 들고 다니는 사람이 서른 명쯤 된다는 사실이다. 구례에는 언론사 하나 없는데 말이다. 그 기자들 가운데 몇몇은 나도 아는 사람들인데 간판집을 하거나 전기공사 업자이거나 식당을 운영하는 사람들이다. 시골은 한 가지 일만 해서는 먹고살기 힘드니 '투잡', '쓰리잡'이 예사긴 한데……, 내가 깜짝 놀란 것은 이 기자라는 사람들 대다수가 월급을 받는 것이 아니라 인근 지역 언론사에 매달 돈을 내고 기자라는 명함을 파더란 사실이다. 그리고 신문 몇 백 부를 받는다. 그런 다음 알아서 자기 지역에 그 신문을 뿌린다. 구례의 식당 테이블에 올려진 정체 모를 몇 종의 지역 신문들은 다 그런 연유로 뿌려지는 신문지들이다. 지역 언론사의 실질적 소유주는 건설 회사인 경우가 많다. 큰 공사의 대부분은 이른바 '관급'이니 그것과 연관이 있겠지. 그러면 촌 서방들은 왜 돈을 내고 기자 아닌 기자질을 하는가? 기자 명함은 누가 나를 건들지 못하게 하기 위한 방패 구실도 하고 상대방을 찌르는 창 역할도 하고 그런가 보더라. 무허가라도 기자라는 직함은 여전히 누군가에겐 '먹어 주는' 직업이긴 한 모양이다.

요즘은 사람들이 손 안에 수백 개의 언론사를 들고 다니면서 분 단위로 뉴스를 흡입한다. 그리고 스스로 일인 미디어가 되어, 한 시간 전에 파스타를 먹었고 10분 전에 똥을 눴다는 개인사를 송출한다. 포털 사이트 메인 화면은 기본적으로 언론사 뉴스 스탠드가 출력되고, 클릭질로 열어젖힌 일간지 메인 화면은 울부짖는 세월호 희생자 부모 사진 바로 옆에 '걸그룹 순이 빤스 안 입었다.'를 걸어 놓는 포르노그래피 쇼케이스에 다름 아니다. 나는 매일 저널리즘에 조롱당하고 모욕당하면서 아침을 시작한다. 진정으로 화가 나지만 나의 분노는 그들의 법에 따라 싹이 잘린다.

영후, 〈전라도닷컴〉이라는 잡지를 알고 있나? 아빠가 가장 좋아하는 잡지다. 언젠가 그 잡지를 소개하기 위해 메일로 인터뷰를 진행하면서, 당신들 매체의 보도 자세랄까 뭐 그런 것을 물어본 적이 있다. 가장 명료하고 인상적인 답변을 들었다.

높은 데보다 낮은 데를 주목할 것

화려한 것보다는 소박한 것을 찬미할 것

책상머리가 아니라 현장을 찾아갈 것

넥타이 맨 양복쟁이들은 피할 것

그 자신의 삶이 도서관이고 박물관인 노인들의 삶을 존중할 것

순 전라도말을 귀하게 받자올 것

개발보다 보존의 편에 설 것

인간과 생태계 전체 온 생명의 목소리를 동등하게 받아들일 것

장애인 여성 어린이 등 소수자들의 의견에 귀 기울일 것

이 땅의 이른바 또라이들의 대변인이 될 것

들에서 바다에서 일하는 이들의 삶을 으뜸으로 받들 것

전라도 안에 취재의 근거를 두되 반드시 전라도를 넘어서 보

편타당한 이야기를 할 것

단지 박제된 과거의 향수가 아니라 오래된 미래를 이야기할

것……

〈전라도닷컴〉을 넘겨 보면서 사라진 잡지 〈뿌리깊은 나무〉
를 생각했다.

한창기라는 걸출한 사람과 그 사단이 만들어 낸 〈뿌리깊은
나무〉는 대한민국 잡지 역사의 전설이다. 글씨와 글과 꾸밈과
그 모든 생각들이 기념비적이라 할 만하다. 하지만 우리는 그
잡지를 잃었다.

그러고 보면 100호를 훌쩍 넘기는 동안 〈전라도닷컴〉이 전
해 왔던 이야기들은 사라져 가는 마지막 가치들의 목소리를
붙잡는 일이었다.

허명 가진 인간의 본성이 그가 내보인 문장의 표면과 그림
의 질감과 목소리의 결과 동일한 경우를 거의 보지 못했다. 평

균 이하의 지성들이었다. 인간 지성의 측도는 가방끈의 길이와 우아와 세련을 구사하는 기술에 있는 것이 아니라 인간에 대한 예의에 있다.

만 명 앞이건 한 사람 앞이건, 혹은 강자 앞이거나 약자 앞이거나 그 언행이 일치할 수 있어야 한다. 그것이 지성이다. 커피를 파는 가게는 커피 맛으로 평가를 받아야 한다. 밥을 파는 가게는 밥맛으로 평가를 받아야 한다. 책은, 잡지는, 신문은 내용으로 평가받아야 한다.

영후, 이름이 언론사인 회사들이 쏟아 내는 소리들에 연연해하지 마라. 허명에 휩쓸리는 삶이 아니라, '진짜'를 알아볼 수 있는 눈을 네가 지녔으면 한다.

정의와 평등이라는 런웨이 위의 쇼

영후에게.

이 편지를 읽고 있다면 답할 필요도 없는 이야기지만 요즘은 우편 검열 같은 거 없냐? 내가 편지를 보내면서도 약간 켕기는 대목이 있어서 말이다. 훈련소 시절에 네가 보낸 편지 내용을 되짚어 보면 검열은 없는 모양이라고 생각은 한다만 여하튼 아빠 편지 때문에 군대 간 아들이 피해를 보는 초유의 사태는 없어야 하지 않겠냐.

며칠 동안 이른바 국정원 댓글 조작 사건에 대한 대단히 '창조'적인 판결 이야기로 세상이 시끌시끌하다. 전 국정원장에 대한 재판에서 "정치에는 개입했으나 선거에는 개입하지 않았다."는 판결문이 나왔다. 이를 두고 현직 부장판사는 "법치주의는 죽었다."는 글을 법원 게시판에 올렸다. 어쩌면 창조적 판결보다 이 글이 더 화제였다. 사람들의 열광에 가까운 반응의 정체는 이런 것이었지.

'세상에, 판사가 옳은 소리를 하다니!'

...... 국정원의 선거 개입을 밝히려고 했던 검사들은 모두 쫓겨났고, 오히려 국정원의 선거 개입을 덮으려는 입장의 공안부 소속 검사들이 국정원 댓글 사건의 수사를 지휘하게 되었다. 한마디로 고양이에게 생선을 맡긴 격이며, 대한민국의 역사와 관련된 중요한 재판이 한 편의 '쇼'로 전락하는 순간이었다. 각종 언론은 이런 상황을 옹호하면서 나팔수 역할을 하였다.

이런 글을 쓴 판사는 뒤에 조용히 두 달 정직 처분을 받았다더라.

정우성이라는 잘생긴 배우가 좀 모자란 동네 양아치로 나오는 〈똥개〉라는 영화가 있다. 영화에서 정우성의 별명이 똥개다. 이 영화에는 주옥 같은 대사가 많이 나온다. 힘 없고 '빽' 없고 돈 없는 사람이 구속된 것을 두고 경찰서에서 둘이 이야기하는 것을 히죽거리면서 보았지. 경남 밀양이 배경이라 경상도 사투리다.

똥개 모르는 기 좁니까?
형사 원래 돈 배우고 무식하면 치이고 벌 받는 기다. 니 모르나?

속세에서 우리들이 흔히 나누는 대화 내용이 드라마나 영화에서 재현되면 기분이 좀 후련해지기 마련이다. 사실은 그러한데 아닌 척하는 현실의 뻔뻔한 위선이 까발려지면 우리 같은 사람들은 콧구멍을 벌렁거리면서 순간적으로 웃음을 날리게 되지. 사람이 만든 제도 중에 가장 위선적이거나 그 위선을 최대한 방어하는 도구가 하나 있는데 그것이 바로 법이라는 것이다. 위선이란 겉으로 착한 체하는 것 아니냐. 법이 가장 전형적이다. 그 위선의 최전선에 딱 버티고 있는 유명한 말이 바로 "법 앞에 만인은 평등하다."라는 문구다. 1789년 프랑스 〈인권선언〉에 처음으로 등장한 말인데 글로 된 법을 가진 거의 모든 나라들은 이 말을 헌법에 넣고 있다. 우리나라 헌법에도 물론 명시되어 있다.

제2장 국민의 권리와 의무

제11조 ① 모든 국민은 법 앞에 평등하다. 누구든지 성별·종교 또는 사회적 신분에 의하여 정치적·경제적·사회적·문화적 생활의 모든 영역에 있어서 차별을 받지 아니한다. 사회적 특수 계급의 제도는 인정되지 아니하며, 어떠한 형태로도 이를 창설할 수 없다. 훈장 등의 영전은 이를 받은 자에게만 효력이 있고, 어떠한 특권도 이에 따르지 아니한다.

특히 첫 구절이 참 좋은 문장이다. 원래 주어, 목적어, 동사만으로 구성된 문장을 최고로 친다. 현실에서 작동하지 않지만 잘 쓴 글이다. 아빠만 삐딱하게 생각하는 것일까? 물론 아니다. 한국형사정책연구원이라는 기관에서 2013년에 '법 집행의 공정성에 대한 국민 의식 조사'라는 것을 했는데 응답자의 76.3%가 "돈과 권력이 많으면 법을 위반해도 처벌을 받지 않는다."라는 항목에 동의했다. 법 앞에 만인은 평등하다는 소리는 개 짖는 소리 정도의 가치를 지니고 있다는 얘기이다. 더 큰 문제는 그 개가 무섭게 짖어 대는 경우다.

1980년대 후반부터 1990년대 중반까지 가까운 이들의 공판을 보기 위해 몇 차례 법원을 들락거렸다. 원래 검찰이나 법원은 멀리하라고 하지만 사람이 살다 보면 그게 의지대로 되는 것은 아니다. 한번은 국가보안법 공판 중에 검사의 입에서 "○○년 ○월 ○일 전북 남원 ○○○에서 권산 등과 공모하여……."라는 발언을 들은 적도 있다. 그런 공간에서 내 이름이 불리면 머리털이 쭈뼛 선다는 사실을 그때 알았다. 참고로 아빠는 원래 법을 잘 지키는 사람이라 구속된 경험은 없다.

아빠는 주로 집시법이나 국가보안법으로 잡혀간 주변 사람들의 재판을 보러 간 것인데 원래 한 법정에서 공판이 진행되면 하나의 사건만 시비하는 것이 아니다. 사건의 경중이 있겠지만 10여 건의 재판이 잇달아 열린다. 국가보안법, 간통, 사기, 교통사고, 폭력, 밀수…… 인간사 온갖 모습을 구경할 수 있다. 통상 재판이라는 것은 한 번에 끝나는 것이 아니라 사건 확인, 변론, 구형, 선고의 과정을 거쳐야 하니 적어도 서너 번은 열리기 마련이다. 아빠도 친구 재판 지켜보러 갔다가 그 공판 앞에 진행되는 다른 인생 이야기를 서너 번 건너다볼 수밖에 없었다. 심지어 안타까워 보이는 사건이라면 친구의 공판이 끝나고도 남아서 그 사람 선고까지 보고 자리를 일어날 때도 있었다.

법정 풍경은 건조했다. 할리우드 영화에서처럼 치열한 법리 논쟁이나 변론은 거의 없다. 제출한 자료로 대부분의 말을 대신하고 잘 들리지 않는 판사의 웅얼거림이 이어진다. 선고가 끝나면 모두 좌우로 고개를 돌려 초조한 얼굴로 묻는다.

"몇 년이라고?"

법원에서 열이면 열, 사람의 관심은 당연히 판결이다. 그리고 그 결과에 따라 법원 복도는 다시 난장판이 되거나 벽을 보고 망연자실하게 선 사람들로 나누어진다.

선고 공판이 있던 날 법원을 몇 번 겪었다. 물론 다시 겪고 싶지는 않다. 초조하고 두근거린다. 항상 오늘 그 사람이 집행유예로 나올 것이라는 기대를 한다. 오후에 구치소로 가서 나오는 사람을 맞이하고 첫 끼니로 무엇을 먹을 것인지도 생각해 둔다. 겨울에 들어간 사람이 늦은 봄에 공판을 하게 되면 옷을 준비해야 할까 말까 생각도 한다. 그리고 선고의 순간, 쥐죽은 듯 고요한 법정 안에서 귀를 세운다. 마음은, 판사가 판결문을 읽어 내려가는 동안 '그리고'와 '그러나'라는 낱말 사이를 민감하게 오가며 수십 번 판결을 내린다. 그리고 유죄, 실형 선고.

오늘 나오지 못한다. 그 말은 내일도 모레도 나오지 못한다는 말. 감정조차 유보되는 몇 초간의 막연함. 그 단죄의 당사자 뒷모습을 바라보며 내 심장은 안으로 조여 온다. 한숨 내뱉고 복도를 걸어 나와 법원 정문을 나설 즈음에 결과를 기다리는 사람들에게 전화를 한다. 보통 판사처럼 간명하게 첫마디를 전한다.

"못 나옵니다."

죄를 지었다. 양심에 따라 국가보안법이나 징집을 거부한 확신범이라면 스스로의 의지를, 사상을 지키려고 한 결과이니 법의 단죄가 그 확신을 포기시킬 수 없다. 오히려 법의 단죄는 확신을 더 단단하게 하기도 한다. 그런 재판이라면 선고가 끝나고 대개는 이가 앙다물리고 분노가 우선한다.

그러나 살인, 강도가 아닌 우발적 사고나 생계형 잡범의 경우 당연히 도덕적 당당함과 자기 확신 같은 것은 없다. 그들은 사이코패스도 아니고 소시오패스도 아니다. 아빠가 법정에서 만난 9할의 죄인들은 그런 사람들이었다. 실제 죄를 저질렀는데, 자신으로 인해 다른 사람이 피해를 입었는데도 단죄를 받으면 억울한 심정이 든다. 이런 경우에는 분노가 아닌 서러움이 우선한다. 마침표를 찍지 못하는 문장 같은 것이다.

"내가 잘못하기 했는데……"

법은 문학이 아니다. 법은 감정이 아니다. 그러나 법정에서는 한 사람의 인생에 대한 일말의 고려도 없음에 나는 '법이라는 관념'의 존재 자체가 때로 불쾌하다.

1990년대 중반 무렵, 재판정에서 건너다본 사건 가운데 간통죄로 들어온 한 여인의 공판이 있었다. 시작부터 끝까지 그 사건을 보고 들었다. 마흔 중반으로 보였다. 평생 남편에게 폭행을 당한 여인이었다. 어느 날 밤에 다시 시작된 남편의 폭행을 피해 집에서 도망쳐 나와 바닷가를 걷다가 한 남자를 만나서 여관으로 들어갔다. 그리고 그 여인은 간통죄로 법정에 섰다. 사실 관계 나열에서 그러했다. 지속적 혼외 연인 관계가 아니었다는 것을 검사도 알고 판사도 알고 있었다. 선고일에 육 개월의 징역형이 선고되는 순간 그 여인은 그 자리에서 거짓말처럼 그대로 뒤로 쏟아지듯 넘어졌다. 기절한 것이다.

2015년 현재 폐지된 간통죄였다.

법원 복도에서, 경찰서에서 그리고 병원에서 내가 항상 느끼는 점은 '없어 보이는 사람들'이 주요 등장인물이라는 사실이다. '그들이 주로' 죄를 짓거나 또는 들키거나 아프거나 다친다. 평등. 차별 없이 고르다는 소리다. 기회와 조건의 평등은 바라지 않는다. 조건과 기회는 서로 맞물려 있으니 평등이란 쉬운 일이 아니거나 불가능한 일이다. 그러나 적어도 단죄의 평등이라도 이루어지면 '개털'들의 우울증은 훨씬 줄어들 것이다.

1990년부터 2012년 사이에 대한민국 10대 재벌 총수 중 일곱 명이 구속되었다. 직업군으로 보자면 엄청난 비율이다. 그들은 도합 23년이라는 실형을 선고받았다. 그러나 확정 판결 이후 평균 아홉 달 만에 풀려났다. 모두 집행유예로 풀려난 것이다. 전체 형사사건의 집행유예 비율은 평균 25% 정도다. 그 분들은 100%였다.

비교하기 시작한다. 그들과 우리의 경우를. 당사자는 항상 억울하다. 법에서 말하는 평등은 절대적 평등이 아니다. 배분의 정의를 실현하는 상대적 평등을 의미한다. 그 판단을 법원이, 재판관이 한다. 그들을 임명하는 것은 또 다른 권력이다. 그들은 비디오 판독기 같은 기계가 아니다. 단죄받은 이는 처음에는 후회한다. 후회는 시간이 지나면 억울함과 분노로 변한다. 삐뚤어진다. 재수 없고 힘없어서 당한 일이라고 생각한다. 힘 있는 자들은 더 큰 죄를 저지르고도 무사했으니까. 누구는 5천만 원을 갚지 못해 1년 징역을 살았다. 누구는 수백억 원을 해먹었는데 항소심에서 징역 2년 6월에 집행유예 4년, 벌금 254억 원을 선고받았다. 더구나 그 벌금은 쓰레기 분리수거와 연탄재 치우는 노역을 하루 하면 일당 5억 원으로 계산한다는 법원 판결을 받았다. 이른바 그 유명한 '황제 노역' 판결이다. 평민들이 노역으로 벌금을 대신할 경우 보통 5~10만 원으로 일당을 계산한다. 고대 노예제 시절 이야기가 아니라 지금 여기, 대한민국에서 벌어지는 이야기다.

죄는 대부분 밥에서 비롯된다. 밥 앞에 평등하지 않으면 법 앞에서 평등할 수 없다. 평등하지 않은 세상이 결코 평화로울 수 없다. 평화라는 한자 '平和'에서 '和'는 입 구口에 벼 화禾를 합친 말이다. 골고루 입에 쌀을 넣어야 화평한 세상이 가능하다는 경고다.

만인이 법 앞에 평등하지 않으면 세상은 항상 출렁거릴 수밖에 없다. 인간사 크고 작은 싸움의 이유는 세상이 평등하지 않아서 발생한 것이다. 그것이 개인 간의 분쟁이건 집단 간의 투쟁이건 국가 간의 전쟁이건, 사태가 일어나는 이유는 그러하다. 역사적으로 전쟁이 터지는 이유가 대부분 뭔지 아냐? 평화를 지키기 위해서다.

인간이 권력을 그리 탐하는 것은 결국 소유를 극대화하기 위한 것인데 그 권력의 핵심 도구가 바로 법이다. 칼자루를 쥐는 일이다. 삼권분립이란 입법·사법·행정을 분리시키고, 저마다 권한을 행사하여 서로를 견제하게 한다는 의민데, 정말 그렇게 권력이 집행되는 국가라면 누가 굳이 대통령 하겠다고 저리 박 터지게 싸우겠냐. 국가의 수반이 된다는 것은 삼권을 모두 다 먹는다는 소리다.

법이란 것은 가진 자의 설교가 문자 발명과 결합하여 종이 쪼가리로 진화한 것이다. 잔소리는 명령이 되고 명령은 문자로 정리되어 법전이 되었다. 성문법이라고 한다. 그때그때 필요와 의도에 따라 더하고 뺄 수 있다. 물론 아무나 그럴 수 있는 것은 아니다. 계급사회에서 법은 결국 피지배계급을 통치하기 위한 수단이다. 그것이 법의 본질이다. 사회질서 확립이나 수호 같은 좋은 말씀들은 누구를 위한 사회냐에 따라 의미가 달라진다. 얼핏 법이란 것이 세상을 지배하는 이들을 제어할 수 있는 도구인 척하지만 그것은 다만 '어차피 그들'이 비교적 원만하게 밥그릇을 오래 차지하기 위한 일종의 절제일 뿐이다.

다시 한 번, 아빠만 이런 삐뚤어진 생각을 하는 것이 아니다. 법 앞에 마음이 삐뚤어진 사람들이 그리된 이유를 내 입으로 설명하는 것일 뿐이다. 최근 여론조사 자료를 보니 백성들이 권력 집단을 신뢰하는 정도가 검찰 2.5%, 법원 3.1%이라고 한다. 백 명 중 두세 명이 법 권력을 인정한다는 소리다. 법의 혜택을 누리는 자들이야말로 그 사실을 누구보다 잘 안다. 그 특혜를 누리기 위해 세상 꼭대기로 올라가려 하는 것이니까.

법 또는 법원은 만인을 지켜 주기 위해 존재하는 것이 아니다. 그것은 단지 정의와 평등이라는 '그들만의 런웨이' 위에서 펼쳐지는 화려한 쇼에 불과하다.

그럼에도 대한민국 헌법 제1조 1항과 2항은 여전히 찢어진 깃발로 나부끼고 있다.

1조 1항 대한민국은 민주공화국이다.
1조 2항 대한민국의 주권은 국민에게 있고, 모든 권력은
국민으로부터 나온다.

개 풀 뜯는 소리다. 그렇다면 법은 이제까지 항상 위선적이었고 평등하지 않았으니 필요 없는 것인가? 아니다. 지난 수

천 년 동안 사람들이 싸워 온 것은 글로 풀어 쓴 그 말이 실제 작동하는 세상을 만들기 위한 피눈물 나는 시간들이었다. 법 앞에 만인이 평등해지는 세상을 위한 싸움은 그래서 여전히 유효하고 여전히 아주 많은 시간과 피와 땀과 눈물을 필요로 한다. 폭력으로? 우리는 짐승이 아니다. 법은 멀고 주먹은 가 깝다는 법원권근法遠拳近이라는 한자 성어는 법치국가에서 가 급이면 실천할 일이 못 된다. 징역이 무서운 것이 아니라 합의 금과 벌금이 만만치 않다.

전화로 이야기는 했다만 너희 부대 '네이버 밴드'에 아빠가 올린 글로 혹시 너에게 불이익이 생기면 곧 나한테 이야기해 라. 정보장곤가 하는 친구가 그 다음 날 아침에 전화했더라. 앞으로는 잘 운영하겠다고. 이해를 바란다거나 뭐 그런 소리. 뭐, 이 일로 네가 어려움을 겪을 것 같지는 않다만, ○일병 엄 마가 "영후 아빠는 뭐 하시는 분이야?"라고 물었다는 소리를 전해 듣고 보니 내가 그냥 참을걸 하는 생각도 든다. 그러나 이미 벌어진 일이니 어쩌겠냐. 너는 당연히 보지 못했을 것이 니 너희 대대 밴드에 아빠가 올린 글을 아래로 내려 두마.

아이들이 군에 있는 상황에서 부모들은 부대를 향해 쓴소 리하기는 어렵죠.

대대 밴드는 제 기억으로는 부대에서 먼저 제안해서 만들었고 가입을 했습니다. 윤 일병 사건 등이 나고 부대에서 부모들 초청해서 부대 개방 행사 한 날에 식당에서 대대장님 인사 말씀 중에 저희들에게 일제히 문자를 날리셨죠. 만들고 한 달이 지났습니다. 저만 그런 것은 아닐 것이라고 생각하는데. 도대체 부대에서는 운영하지도 않을 이 밴드를 왜 만든 것이죠? 모바일 전용 소통 공간이 필요해서? 부모님들끼리 아이들 생일 축하해 주라고? "소통을 위해 밴드를 만들었다."는 보고가 필요했을까요? 관심 부모로 '리스트 업' 하시지는 마시구요, 부모들이 이런 공간에서 무엇을 가장 궁금해 할 것인지 부대 측에서는 한번 생각해 보세요. 그냥 차라리 원래 있던 ○○연대 ○○대대 카페에서 가끔이라도 아이들 사진 올려 주시면 충분하지 않을까요.

비교적 발랄한 아빠지만 역시 아들이 잡혀 있는 상황이라 불이익을 걱정하지 않을 수 없었다. 휴가 시기로 괴롭힌다거나 뭐 비겁한 방법 많잖아. 너희들이 지금 속해 있는 곳이 워낙 무법천지로 유명한 곳이라 그렇다.

다리랑 발목 아프다던 건 좀 어떤지 모르겠구나. 몸 조심해라.

그들은 신을 섬기지 않는다

영후에게.

네가 군대에서 특별한 계기로 변하지 않았다면 여전히 너와 종교는 무관할 것이다. 훈련소 시절에 네가 불교로 간 것은 사람들이 기독교로 많이 가서 번잡스럽다는 이유가 첫 번째 이었을 것이고 기독교인이 아닌 사람이 느끼는 대한민국 개신교의 그 극성스러움에 대한 거부감이 두 번째 요인이었을 것이다. 반대로 절집은 특별한 종교적 입장과 무관하게 한국 사람들한테는 문화재인 듯 여겨져 별 부담감이 없기 때문이기도 할 것이다. 물론 훈련소 휴일 시간을 보내기 위해 간 것이 가장 큰 이유겠지만. 여하튼 훈련병 시절 불교는 인원이 적어서 네 모습을 카페에서 확인하기 편했다.

군인이 아닌 사람이었던 시절에 네가 아주 싫어했던 일 중하나가 할머니를 따라 원불교 교당을 가는 것이었다. 가족 중단 한 사람이라도 마음으로 원불교로 걸음 하기를 희망했던할머니는 일요일이면 손자들에게 가끔 요구 또는 부탁 또는 강요를 하곤 하셨는데 가장 어린 네가 당첨되는 경우가 몇 번 있었다. 아주 어린 시절에는 지루해서 싫었을 것이고 사춘기 지나서는 그곳에서 듣는 법문 내용이 마음에 들지 않아 투덜 거렸다. 원래 모든 종교의 메인 집회 시간에는 그 집의 우두머리가 그들의 법에 현실 이야기를 더해서 나름 좋은 말씀들을 한다. 부산이고 모여 있는 신자가 거의 노인들인 공간에서 설왕설래하는 시국 현안에 대한 입장이란 것은 '어버이연합'에 가까운 것이었겠지.

우리의 생각이나 의지와 무관하게 할머니는 항상 너희들을 위해 기도에 정진하셨고 나는 간혹 과외의 지출을 해야 했다. 입시 따위 결과가 좋으면 기도 덕분이고, 그렇지 않을 때에는 누구 잘못인지 명확하게 책임을 묻지 않으셨다. 뭐 사람 탓이었겠지. 나 역시 원불교에 법명을 둔 신자로 여전히 등록되어 있을 것이다. 대략 스무 해도 더 전에 신도증이라는 것을 받은 적이 있으니까. 그러니까 대한민국 원불교 신자 수 집계에서 하나를 보태는 역할이지.

할머니는 일종의 모태 원불교이다. 어떤 연유로 경상남도 함안군 어느 마을에, 전라남도 영광군에서 태어난 분이 문을 연 종교가 퍼졌는지 추적할 필요까지는 없지만 할머니 태어나기 전부터 그 마을에 원불교 교당이 있었으니 자연스럽게 그리된 일이었을 것이다. 1938년에 시골에서 태어난 어린 여자 사람이 외출할 수 있는 적당한 이유로 뭐가 좋겠냐?

아빠는 종교라는 것을 소비자와 공급자가 있는 하나의 사업으로 본다. 교회, 성당, 절집, 원불교당, 이슬람 사원…… 그리고 이단이나 이상한 모임 정도로 대우받는 유명하지 않은 무슨 교 무슨 교까지. 더 나아가 신내림을 받아 제각각의 신을 모시는 이른바 무속인까지 하나의 직업군으로 본다. 처지에 따라 경전이 있네 없네 하면서 따로 등급을 나누는 것이 일반적이지만 막눈인 내가 볼 땐 포괄적으로 같은 직업군이다. 따라서 특정 종교에 종사하는 목사, 신부, 스님, 랍비, 교감, 교주, 무당 같은 명칭은 직장의 직책으로 이해한다. 몇 년전에 마을 위 화엄사라는 절집의 젊은 스님과 인사할 일이 있어, "아이구 스님, 좋은 직장 다니십니다."라고 했더니 그런 말을 품을 여유가 되시는 분인지 껄껄껄 웃더라. 화엄사는 이를테면 큰 회사잖아. 그럼 스님은 불교라는 다국적기업 중 조계종이라는 대기업의 계열사를 다니는 직장인이지.

직업이란 것은 생계를 유지하기 위해 능력과 적성에 따라 일정 기간 그 일에 종사하는 것이다. 이유 여하를 떠나 종교인들은 종교로 밥 벌어먹는 사람들이다. 아빠가 책을 팔아먹는 것과 같이 종교인들은 '다음 세상'을 판매하는 것이지. 보험 세

일즈는 이번 생의 후반과 만약을 대비하자는 상품을 파는 일이라면 종교는 다음 생을 대비하자는 상품을 판다. 역사적으로 잘나가는 종교는 '현세를 부정하는 사상'이 핵심이다. 천국 가자, 극락 가자, 죄 지으면 지옥 간다는 말씀들이 모두 그것이다. 그러나 또한 공통적으로 당면한 행복도 기원하지. 다음 생은 아직 닥치지 않았고 전생은 이미 지나갔으니 지금이 제일 다급한 것은 당연한 일이다.

나는 종교인들에 대해 예외적 존경심이나 경외감을 품지 않는다. 무조건 그러하다는 것이 아니라 특정 직업군이 관념적 존중의 대상이 될 수 없다는 말을 하는 것이다. 사회적으로 존중받는 직업들이 있잖아. 종교인, 교육자, 법조인, 의사 같은 직업. 그 직업에 종사하는 사람들이 대체로 존경할 만하면 당연히 존중하겠지. 그런데 꼭 그런 것이 아니지. 세상이 다 알듯이. 화려한 성추행 이력을 가진 목사도 있고 충분히 존경할 만한 농부도 있다. 직업이 곧 그 사람의 됨됨이를 규정하는 것은 아니다.

사람들이 종교에 종사하는 사람들에게 머리를 숙이는 것은 종교에서 다루는 문제가 인생사 고통, 불안, 죽음과 같은 다소 난해한 문제를 다루기 때문이다. 그거 해결되면 아무래도 마음이 편하잖아. 그래서 싯다르타라는 청년이 그런 걱정에 잠 못 이루다가 가출을 해서 석가모니가 되었지. 어린 시절부터 미래에 대한 불안이 많았던 것이다. 아빠 방식으로 정리하자면 깨달음을 통해 지금을 위로하는 방식이다. 기도가 카드 빚을 해결할 수야 없는 노릇이지. 카드 빚은 노동이 해결하는 것이다. 그러면 물론 기도 덕분에 일자리가 생겼다고 주장하는, 닭이냐 달걀이냐 논쟁이 이어지겠지만 뭐하러 뫼비우스의 띠 위에서 종점을 바라고 마라톤을 하겠냐. 헛심이지.

분명한 것은 대부분의 종교 '최초의 그 사람'은 자신의 미약한 시작이 수요와 공급 법칙이 작동하는 하나의 창대한 산업으로서 자리할 것이란 예정을 하지는 않았을 것이다. 나의 고행을 통해 자아를 완성하고 어느 순간 깨달음을 얻어 우주 진리를 추구하는 것이 근본 목표였으니 자신의 행복을 두고 남과 다투는 방식도 아니었다. 그렇게 깨달은 자들이 깨닫지 못한 중생들을 보니 얼마나 답답했겠냐. 그래서 깨달음을 현실에, 현세에 적용하려는 설득을 시작한다. 설득당한 사람들은 '그'를 따르고 그의 말씀을 한 자라도 붙들려 한다. 그 어느 누구도 신이 아니었던 탓에 수명은 유한하고 사고사건 자연사건 죽기 마련이다. 따라서 최초의 말씀은 문자로 정리되고 외워지고 이어진다. 그 즈음에 한 사람의 생각이나 설득은 종교가 된다. 그리고 고착화된다. 진리라고 여겨진 '말씀'은 자리를 잡으면 쉽게 바뀌지 않는다.

종교적 진리에 해당하는 제각각의 법은 진화하지 않는다. 같은 생각을 넓혀 나가려 한다. 여기서도 다수결의 원칙이 작동한다. 다수가 믿으니 옳은 소리가 아니냐는 합리화. 그래서 종교는 본성적으로 보수적이다. 간혹 기존 세상에 불만을 품고 확 뒤집어 버리자며 나선 이른바 '개벽형' 종교도 있었지만 그들의 거사가 성공한 적이 있는지, 또는 성공했다고 하더라도 과연 지금의 모습이 최초에 생각한 그 개벽의 모습인지는 '최초의 그 사람'에게 검증을 받아야겠는데 그 사람이 없잖아. 다시 온다고는 하더라만 내가 그때까지 살아서 확인할 확률도 너무 낮다.

종교 산업의 핵심 판매 전략은 우리가 죄인이라는 전제에서 출발한다. 죄인이 죄를 씻을 방안을 제시해야 하니 죄인이라는 존재는 전제 조건일 수밖에 없다. 따라서 무엇을 하지 마라는 세부 규정이 아주 많다. '이것이 죄인이다.' 하는 문장은 명확하고 구체적일수록 효과적이다. 이것은 법이나 법원의 기능과 거의 같거나 다르지 않다. 금기와 부정을 주요한 통제 수단으로 사용하는 시스템이나 이념이 인간을 행복하게 만드는 사례를 나는 알지 못한다. 이른바 모세의 '십계명'이라는 것도 결국은 금기와 부정을 근간으로 한 것이다. 지금 우리가 알고 있는 '서양'은 애당초 분위기 어색하게 출발한 것이다.

대략 2500년 전 즈음을 기점으로 〈창세기〉, 〈출애굽기〉 같
은 유대교 기본 경전, 최초의 불교 경전인 《숫타니파타》, 최초
의 유교 경전인 《춘추》와 《논어》, 《그리스 신화》가 완성되었
다. 알렉산더 대왕, 진시황제, 고조선 같은 이름이나 연대기도
대략 그 무렵을 전후해서 만들어졌다. 내가 이해할 때에는 지
금 우리가 아는 인간 세상이 모양을 잡기 시작하던 시절이다.
인간 포유류의 개체 수가 증가하고 수렵·채집에서 농업으로
정착한 시기다. 잉여와 축적이 예측 가능한 정도로 인간의 문
명이 진행되었다는 소리다. 몇 백 년의 간극이 있지만 대략 철
기 문명으로 인류사가 진입한 무렵이다. 더 많이 생산하고 더
많이 싸우게 될 것이란 예정이었지.

왜 그런 것인지 이유는 모르겠지만 아빠는 단 한 번도 종교
에 마음을 주거나 흔들린 적이 없다. 현재 한국 개신교의 주
류 교파인 장로교의 교리적 근거가 되는, 칼뱅이라는 대략 5
백 년 전 어르신의 말씀에 따르자면 종교에 대한 나의 이런
싸가지는 신의 뜻에 따라 예정되어 있었을 것이다. 나는 오히
려 사람들이 뭔 말씀에 그리 쉽게 설득당하는 것 자체가 이해
하기 힘들었다.

종교로 인한 갈등의 모습은 아주 다양하다. 사소하게는 어

린 시절 골목길에서 주고받는 '하느님 있다 없다' 논쟁에서 출발해서 청년기의 창조론과 진화론 논쟁, 길거리 곳곳에서 "예수 천국, 불신 지옥!"을 외치는 사람들과 벌이는 옥신각신이 일상의 풍경이다. 어른들 싸움이 커지면서 종교전쟁으로 불린 많은 전쟁들이 벌어졌고 현대사로 넘어와서는 중동 지역에서 여전히 집중적으로 진행형이다. 물론 역사적으로 꾸준히 이어진 그 전쟁들이 다만 어느 신을 믿느냐는 이유뿐이겠냐. 중동에 석유가 지금처럼 매장되어 있지 않다면 그리 치열하겠냐. 따지고 보면 오래된 한집안의 형제 싸움 아니냐. 《구약성경》에 나오는 아브라함의 장남과 차남의 후손들이 같은 책 마지막 문장만 바꾸거나 몇 가지 이야기를 골라 빼낸 옛이야기를 제각각의 근거로 두고, 서로 다르다는 철벽 같은 신념을 표면에 내세우고는 이권을 차지하려고 싸우는 것이다.

인류가 발명한 무수한 유무형의 자산 가운데 단 하나만 없앨 수 있다면 나는 영순위로 종교를 지목하겠다. 내가 종교에 대해 회의적인 일차적인 이유는 종교로 인한 구원보다 종교로 인한 갈등과 폭력, 살해가 훨씬 많았다는 역사적인 증명 때문이다. 종교는 태생적으로 선전·선동해야 유지되거나 먹고살 수 있다. 그것이 종교의 숙명이다.

프로파간다라는 말 자체가 로마 가톨릭교회에서 포교를

전담하는 추기경들의 위원회를 이르는 말이었다. 구원과 평화를 주장하지만 어찌 보면 종교는 본래 폭력적 성향을 타고났다. 최근 주목받는 IS라는 단체 역시 생겨난 근원은 이슬람교의 창시자인 무함마드가 죽으면서 후계자를 지명하지 못해서 벌어진 일이다.

맹렬한 생명력을 가진 세포는 끊임없이 분열한다. 그리고 분열하는 순간 서로를 헐뜯고 싸운다. 결국은 더 많이 먹자고 하는 짓이다. 종교는 진화론을 당연히 부정하고 씹어 먹으려고 하지만 묘하게도 DNA의 맹목적 생존력과 번식력을 닮아 있다.

표면적으로 가톨릭은 하나로 정리되어 있다. 이전에 지금의 정교회와 서로를 파문하는 '디스'를 날린 이후 단일 교단이다. 정교회는 러시아정교회, 그리스정교회, 이집트정교회처럼 각 국가별 단일 교단이다. 불교는 뭐 우리나라로 보자면 조계종, 태고종, 천태종, 진각종, 관음종, 총화종, 보문종, 총지종, 원효종, 일승종, 대각종……. 이 종파들은 라이선스 취득한 집단들이고 라이선스와 무관하게 소수 정예로 암약하는 종파도 대략 쉰 개 정도 되는 모양이다. 조계종이 확실한 지배 종단이지. 가톨릭이나 불교의 공통점은 수금은 각 지사에서 하지만 일단 본사로 돈을 보내고 다시 생활비를 받는 방식을 취하고 있다는 것이다. 그래서 중앙의 권위와 통제력이 강하다. 생활비 타서 생활하면 그렇게 된다.

지금 개신교라고 부르는 종교는 몇 개 교파인지 파악하기 힘들다. 한국에서만 대략 3백 몇 십 개라고 하지만 오늘도 계속 늘어나고 있다. 예장합동, 예장통합, 기장 같은 이름이 큰 덩어린데 장로교에서 갈라진 것이다. 개신교는 각 교회가 알아서 수금하고 알아서 살림을 한다. 물론 한기총(한국기독교총연합회)으로 보내는 회비가 있겠지만 실질적으로 독립채산제다. 그래서 교파가 많다. 그리고 여차하면 서로 말을 듣지 않거나 회비를 내지 않는다거나 하는 방법으로 의사를 표현한다.

그의 언어 세계는 곧 그의 사유 세계의 폭이다.

도올 김용옥의 이 문장을 인정할 것인지 말 것인지 하는 상황 앞에서 나는 간혹 갈등한다. 언어로 표현되는 것이 그 사람의 전부는 아니기에 그렇다. 통상 종교라는 분야에 종사하는 사람들의 입에서 나오는 소리는 거룩하다. 대한민국 종교계에서 혓바닥으로 가장 자주 사람들을 불쾌하게 만든 것은 개신교 목사들이었고 쇠파이프 들고 불심을 표현한 집단은 조계종 스님들이었다. 생방송 중 일어난 사고가 아니라 충분히 준비된 녹화방송 중 방송 사고는 실수가 아니다. 그 소리와 행동의 한심함은 숨겨지지도 않았고 숨길 생각도 없는 참으로 솔직한 욕망의 표현이다.

"사찰이 무너지게 해 주시옵소서!" 같은 말은 사실 개신교도라면 대부분 비슷한 뜻이 담긴 설교를 들은 적이 있을 것이다. 어느 이상한 목사 한 명의 헛소리가 아니라는 뜻이다. 언젠가부터 남의 말을 듣지 않는 대한민국의 사회 현상은 분명 연원을 따지고 들면 개신교의 배타성에 닿아 있을 것이다. 지리산 올라가는 861번 지방도로 길목 어딘가를 막아서서 문화재 관람료를 징수하는 조계종의 논리가 '우리 땅을 지나가니까.'라는 참혹한 언어 조합인 것도 분명 현실이다. 그의 언어세계가 곧 그의 사유 세계의 폭이다. 젠장.

대통령이 종교 지도자들과 밥을 먹는다는 것은 정치 사정이 썩 좋지 못하다는 뜻이고 그 지도자들은 만찬에 가는 일을 좋아했다. 밥을 먹으며 서로가 남이 아님을 확인한 뒤에 활짝 웃으며 면죄부를 발급하는 것이지. 이런 풍경은 개인의 잘못이 아니라 시스템이 존재하는 한 발생할 수밖에 없는, 칼뱅이 이미 주장한 '그 예정설'의 코미디들이고 그런 코미디를 조절하는 집단이 세상 권력의 한 축, 종교라는 이름으로 행세하고 있다. 그들은 신을 섬기지 않는다. 단지 그 많은 금기와 부정을 왼손에 들고 오른손으로 인간 세상을 질책하고 단죄하지만 막상 그들이 책임지는 일은 단 하나도 없다. 이생에서는 그렇다. 신의 뜻이라는 퇴로가 있기 때문이다.

신의 존재 여부는 별로 중요하지 않다. 신의 존재 여부가 종교의 존재 여부를 결정할 필요도 없다. 내일 신이 내 앞에 나타나서 "야, 나 여기 있다." 하고 출연을 결정하더라도 그것이 내가 종교를 믿어야 한다거나 지난날 종교에 대해 내가 퍼부었던 진정성 있는 악담을 반성해야 할 하등의 이유가 되지 못한다는 소리다. 내 앞의 그분이 하느님이건 하나님이건 종류 불문하고 그렇다.

유물론자가 곧 무신론자라는 등식은 단순 무식한 결론이다. 대개 거칠고 방정을 떠는 상대 앞에서 방어적 논리를 펴다가 유물론자다, 무신론자다 따위로 불리게 되는 것이다.

아빠는 종교인이 아닐 뿐이지 사실 일상에서는 신들과 늘만나고 있다. 오늘도 내 안으로 신을 모셨다. 나는 매일 쌀을 받아들이고 있고, 오늘은 엄마 2호기가 기침이 심해서, 콩으로 쑨 된장에 감기에 좋다는 미나리를 무쳐서 비벼 먹었다. 내가 아는 신들은 유일하지 않고 세상 곳곳에 제각각의 형상으로 존재하고 있다. 내가 아는 신들은 매일 삼시세끼 기적을 행한다. 내가 아는 신들은 자신의 존재를 드러내기 위해 그렇게 어렵고 난해하게 처신하지 않는다.

　며칠 전에는 고추 신을 모시기 위해 고춧대를 텃밭에 박았다. 오래간만에 땀 좀 흘렸다. 모니터만 들여다보고 있지 말라는 신의 계시였다.

쇼핑은 즐거우니까

영후에게.

지난 휴가 때 상병 월급이 15만 원 조금 넘는다는 네 이야기를 듣고 잠시 배신감을 느꼈다. 왜 나한테 돈을 보내 달라는 것이야! 젠장. 군바리 월급이 그 정도면 한 달에 10만 원짜리 적금 하나 정도는 넣어야 되는 거 아냐? 군바리 체크카드를 한 달에 120번도 넘게 그었다는 소리를 듣고는 경악했다. 니들이 도대체 군바리야? 쇼핑하러 군대 갔냐? 60만 군바리들이 한 달에 평균 10만 원씩 냉동식품과 PC방, '싸지방(사이버지식정보방)', 전화에 퍼붓는다고 짐작하면 1년에 7천2백억 원을 지출한다는 소린데…… 너희들의 지출만으로 먹고 사는 기업이 몇 개겠냐. 자체로 거대한 시장이구나.

너희들의 실체는 군수 시장 안에서 군인이라는 소비자 집단인 거다. 그렇다면 너희들이 지키는 것은 국방이 아니라 은행과 카드사와 과자·냉동식품 회사 그리고 전국의 PC방 최전선인 셈이다. 너희들이 피엑스만 거부해도 징병제는 폐지될 것이다.

우리는 시장이라는 그물에 갇혀 있다. 내가 말하는 시장은 남대문 시장 같은 구체적이고 물리적인 특정한 공간을 뜻하는 것이 아니다. 시장, 물건과 생각 그 모든 것을 상품으로 만들어 버리고 가격을 결정하는 하나의 시스템을 말하는 것이다. 특히 자본주의혁명 이후 시장은 워낙에 강력하고 광범위하다.

'갇혀 있다'는 표현 속에 이미 시장을 바라보는 나의 부정적 시각은 충분히 들어 있다. 그 시각이 옳다는 것은 아니다. 나는 그렇게 부정적으로 바라본다는 의사 표명이다. 물론 시장은 이런 내 의사 표명조차 상품으로 만들어 버리는 괴력을 가지고 있다.

평생 멈추지 않을 것 같았던 아빠의 예술적 열정은 짧고 강렬하게 끝이 났다. 시장 이야기에서 갑자기 뭔 예술 이야기냐 하면, 막무가내로 진격하던 나의 화가 놀이를 멈추게 한 것은 나를 절망에 빠뜨린 천재의 등장도 아니었고 그림 그리는 일이 싫어서도 아니었다. 바로 상품과 시장 논리를 깨닫고 붓을 꺾었다.

싱싱한 청년 시절에 그림을 그리던 나의 목표는 '포스트—피카소'였다. 이를테면 난해한 수학 문제를 5백 년 만에 누군가가 풀어 버렸다. 그렇다면 그 다음 세대 수학자는 다른 문제를 두고 씨름을 해야 하는 것이다. 그것이 당대를 살아가는 사람들의 임무와 역할이라고 생각했다. 그래서 '포스트—피카소'였다. 나에게 피카소는 존경의 대상이 아니라 극복의 대상이었다. 피카소의 '싸다구'를 날리는 깨달음의 순간, 발가벗고 거리로 뛰쳐나가 "유레카!"를 외치는 사람이 되고 싶었다. 내 인생에서 사적 욕망이 가장 강렬했던 몇 년이었을 것이다.

작업과 독서를 되풀이했다. 어느 정도 시간이 지나고 나의 시선은 세 사람의 미술가에게 집중되었다. 마르셀 뒤샹, 요셉 보이스, 그리고 백남준. 기성 제품, 행위, 시간성의 도입 따위 개념 미술에 몰두했다. 그리고 어느 날, 벼락같은 깨달음이 찾아왔다. 뒤샹, 보이스, 백남준의 공통점은 그 모든 기존을 깨부순 예술가들이긴 한데…… 그들 스스로 기득권을 지닌 하나의 상품이 되어 있었다. 뒤샹이 남자 소변기를 전시장에 작품으로 등장시킨 것은 비싼 값을 받기 위한 행위가 아니었다. "야, 그럼 이딴 기성품도 예술이다!" 하고 미술계에 싸다구를 날린 것이다. 그런데 예상 밖의 반응이 되돌아왔다. 자본시장은 그 '반항'을 '새로운 상품'으로 받아들인 것이다.

나는 모든 기성의 기득권이 너무 싫었다. 그런데 내가 기존의 미술을 다 부숴 버리는 일대 혁명에 성공한 순간 미술 시장에서 새로운 상품으로 '전시'된다는 것이지. 뛰어 봤자 벼룩이고 부처님 손바닥 안이다. 부처님 손바닥은 다름 아닌 자본시장이었다.

지금은 너무 뻔한 이야긴데 당시에는 나를 완전히 녹다운시킨 일이다. 한동안 아무것도 할 수 없었다. 정신을 차렸을 때 내가 해야 할 일은 나에게 절망감을 안긴 시장경제 시스템을 쳐부수는 일이었다. 그때 나이 스물서넛이었으니 조로했거나 조숙했다. 그리고 지금껏 적지 않은 세월이 흘렀지만 여전히 내가 본 가장 강력한 생명체는 모든 것을 상품으로 만들어 내는 '자본시장'이다. 시장은 혁명도 상품으로 만든다.

《혁명을 팝니다》라는 책이 있다. 아빠는 읽어 보지 못했다. 따라서 그 책이 무엇을 말하는지 당연히 모른다. 그냥 반문화 운동을 좀 깠다는 정도로 알고 있다. 그리고 막상 그렇게 혁명적인 내용은 없다는 평가도 들었다. 내 관심을 끈 것은 작가 소개 글에 나온 어떤 대목이었다.

지금 그는 지역의 자전거 타기 운동에 참여하며 토론토의 대형 백화점 앞에서 온종일 "아무것도 사지 맙시다!"를 외치기도 한다.

"아무것도 사지 맙시다!"

이건 내가 본 가장 강력하고 구체적인 혁명 슬로건이다. 아무것도 사지 않으면 시장은 붕괴한다. 그러면 지금과 같은 시스템은 지탱할 수 없다. 총을 들 필요도 없고 투표가 세상을 바꾼다고 길거리에서 핏대 올려 외칠 필요도 없다. 총을 들면 토벌대의 총알을 받을 것이다. 선거는 다수결이니 다수파가 이길 것이고 소수파가 잠시 이긴다고 하더라도 어차피 체제는 그대로다. 그런 것으로는 세상을 망하게 할 수 없다.

세상을 망하게 하고 싶냐고? 응. 나는 원래 그것을 제일 하고 싶었다. 아무래도 이 세상을 지탱하는 시스템이 마음에 들지 않기 때문이다. 그것이 근본 원인이니 그것을 뒤집지 않으면 무슨 방법으로 세상을 바꿀 수 있단 말이냐.

그러나 세상을 망하게 하는 일은 거의 불가능하다. 인간은 본성적으로 소유하고 싶어 하기 때문에, 그렇게 길들여져 왔기 때문에 오히려 시장의 붕괴를 두려워한다. 정권을 바꾸는 정도는 간혹 동의하기도 하지만 시장을 무너뜨리자고 하면 대부분 고개를 젓는다. 오히려 더 많이 사들이기 위한 경쟁에 기꺼이 뛰어든다. 쇼핑은 즐거우니까.

자본시장이 그토록 불쾌한 이유는 두 가지다.

첫째는 내가 원하건 원하지 않건 나의 가치는 시장에서 판가름 난다는 것이다. 내 판단은 가격 결정에 거의 영향을 발휘하지 못한다. 비교 가치가 없는, 내가 유일한 경우가 아니면 그렇다. 내 가치를 결정하는 시장의 기준은 내가 생각하는 기준과 다르다. 평가를 표준화하기 위해서 그들은 자기들이 정한 과정과 절차를 누구나 거치기를 원한다. 그것의 기본이 교육과정이다. 그 어처구니없는 교육 말이다. 그 과정을 거부하면 시장 밖에서 알아서 놀거나 시장 안에서 단속반 몽둥이를 피해서 노점이나 겨우 펼칠 수 있다. 선수는 너무 많으니까. 단지 태어났다는 이유로 이런 잣대에 휘둘려야 한다는 게 불쾌한 것이다.

두 번째 이유는 꼭 필요하지 않은 상품 가치가 더 높다는 것이다. 자본시장은 어쩌면 필요하지 않은 많은 상품을 만들어서 팔아 치우는 것으로 주요한 이윤을 창출한다. 꼭 필요한 것이 아닌 상품을 얼마나 많이 소유하고 있느냐에 따라 계급이 결정된다. 잉여가 굶어 죽는 사람들을 살리는 데 소용되지 않고 내가 더 잘사는 놈이라는 걸 드러내는 데에 사용되는 세상 시스템이 아빠는 불쾌하다. 전체 인류가 백이라는 재화로 살아갈 수 있는데 5백이라는 재화를 소비하는 것은 인간 포유류를 제외한 생명들에 대한 명백한 폭력이다. 시장은 필요 이상의 소유와 소비를 부추긴다. 멈추면 붕괴하니 그럴 수밖에.

시장은 여전히, 앞으로도 당분간은 붕괴하지 않을 것이다. 신묘한 일이다.

시장에 돈이 넘치는 현상을 인플레이션이라고 한다. 돈이 넘치니 물가가 오르고 임금도 오른다. 대신 돈의 가치는 떨어진다. 그러나 소비는 계속되기에 시장은 활발하다. 따라서 카드만 가지고 신나게 쇼핑한 놈들의 상대적 빈곤감은 커진다. 집구석에 돈이 쌓이질 않거든. 시장에서 돈이 씨가 마르는 현상을 디플레이션이라고 한다. 디플레이션 상황에서 소비는 위축된다. 물건이 안 팔리면 물가가 떨어진다. 당연히 생산도 줄어든다. 그러면 일자리가 줄어든다. 공장이 문 닫는다. 실업률은 더 높아지고 시장은 오랫동안 위축된다.

인플레이션과 디플레이션 중에서 하나만 택하라면 시장은 어떤 선택을 할까?

상상 밖의 선택을 한다. 비겁하게도 시장은 둘 다를 고른다. 논리적으로 인플레이션은 화폐를 더 찍어 내야 가능한데 우리에겐 '러시앤캐시'가 있다. 신용카드, 카드론 같은 것들이 돈을 더 찍지 않고 인플레이션 상황을 연출하는 역할을 맡는다. 분명히 형편이 좋지 않은데 계속 돈을 조달할 수 있는 환경인 것이다. 그렇게 생긴 돈으로 저축하는 사람은 없다. 돈을 빌리는 경우는 소비하거나 되갚기 위한 것이다. 빌린 돈으로 시장은 다시 가동된다. 시장은 돈의 성격을 묻지도 따지지도 않는다. 그냥 돈이면 된다. 실체가 모호한 중산층 이하의 사람들 지갑은 그래서 돌아서면 텅 비는 것이다. 실제로는 디플레이션 삶이다.

가난한 사람이 계속 가난한 이유는 부자처럼 살기 때문이다. 혹시 모르니 펀드 해 볼까, 주식도 조금 하고, 아이폰 식스가 나왔네, 대학은 가야지, 그러려면 학원도 가야 되고, 자동차 있어야지(가급이면 쪽팔리지 않는 모델로), 집주인이 전세금을 3천만 원 올렸네, 보험은 두 개 정도 들어야지, 공과금은 왜 이리 많이 나오지, 유럽은 못 가도 동남아는 가야지, 〈어벤져스2〉 하네, 기분도 꿀꿀한데 옷 한 벌 사자, 아웃백도 한 달에 한 번 정도는…… 꼭 필요한 것이 아닌데 광고가 유도하는 그대로 우리는 홀린 듯 그 모든 것을 시장에서 구매한다. 그런 것을 사들이지 않으면 거지 같다는 생각이 드니까. 빈곤하다고 느끼는 기준은 상대적이다. 결국 우리는 시장이 요구하고 유혹하는 소비를 위해서 노동하는 것이다. 아무래도 쇼핑은 즐거우니까.

생명이 에너지를 소비하는 이유는 하나다. 생존. 인간의 소비 이유는 이것에 편리가 더해지고 더 나아가 사치와 과시까지를 포함하고 있다. 문제는 편리에서 출발한다. 가진 자의 편리를 보편적인 것으로 광고하는 것이 자본시장의 마케팅 전략이다. 소유 수준만 소비 수준을 결정하는 것이 아니다. 사고 수준도 그에 따른 소비를 발생시킨다. '문화적 진화'도 소비를 유발시킨다. '밥만 먹으면 산다.'와 '밥만 먹고 살 수 있나?'라는 생각의 차이는 꼭 경제력 탓만은 아니라는 소리다.

시장은 먹은 것을 모두 토해 내게 만드는 노하우로 무장되어 있고, 우리는 실질적으로는 디플레이션 상황이면서도 빌려 쓴 돈으로 인플레이션을 일으킨다. 그리고 이 열매는 소수의 지배계급에게 흘러 들어간다. 우리에게 '편리와 불안'이라는 상품을 팔아먹은 기업과 국가다.

벤자민 프리드먼이라는 경제학자는 "성장은 사회를 선하게 만든다."고 말했다. 경제성장이 사람들을 도덕적으로 성숙하게 만들고 이것이 다시 성장을 촉진시키는 힘으로 작용한다는 것이다. 이 말은 성장이 낳은 결과를 공정하게 분배할 때 가능하다. 성장의 결과물이 소수 계층에게 집중되는 시간이 길어지고 오히려 더 강화되는 것이 대한민국의 현실이다. 국가 시스템에서 어느 정도 그것을 조절할 수 있는 것이 세금 정책인데 통상 부자들이 가장 날카롭게 반응하는 대목이다. 성장의 성과를 가장 많이 거머쥔 세력들이 도덕적으로 성숙해졌다는 증거를 나는 찾지 못하겠다.

그래서 아빠는 성장이 선이라는 등식에 동의하지 않는다. 그것은 자본시장에 동의하지 않는다는 나의 명확한 의사 표현이다. 가급이면 시장이 내 삶에 영향을 끼치지 못하도록 하는 일에 주력할 것이다. 일상적 불편을 감수해야 한다는 뜻이지만 내가 저항할 수 있는 어쩌면 유일한 수단이다. 나는 약간의 불편을 감수하는 것에 익숙하다. 주변에서 보면 좀 갑갑할 정도로 그런 면이 있다. 그리고 그런 나의 '몰골'이 타인에게 전해 주는 '형편'에 대해서도 그렇게 신경 쓰지 않는다. 불편과 부끄러움은 다르다.

대부분의 불편은 구매로 해결할 수 있다. 반복된 구매는 더 많은 편리를 갈구하게 만들고 'new'는 끊임없이 쏟아진다. 광고는 항상 작은 차이가 엄청난 차이인 것처럼 떠들어 대고 우리는 조금 더 빠르고 조금 더 편리한 물건을 구입한다. 그 횟수와 액수가 사회적 지위를 표현한다. 사람들은 모서리 둥글기 7mm보다 5mm가 더 '간지' 나기 때문에 기능이 거의 동일한 기계를 새로 산다.

나는 가급이면 기계는 고쳐서도 쓸 수 없어질 때까지 썼다. 필요해서 샀지 갖고 싶어서 사지 않았다. 자체로 낭비다. 아빠의 돈벌이용 컴퓨터는 10년 동안 써 왔다. 주변기기들은 더 오래되었다. 스캐너는 15년 정도 되었을 것이고 와콤은 플라스틱 펜촉이 완전히 닳아 한 번 바꾸었다. 그것들은 여전히 쓰이고 있으니 과거의 물건이 아니라 현재의 물건이다.

나는 최근 두 가지 물건을 바꿀 것인지 간혹 고민한다. 컴퓨터와 자동차다.

가끔 애플 사이트로 가서 아이맥 레티나 디스플레이를 바라본다. 작업자로서 탐내지 않을 수 없는 자태의 기계다. 레티나로 바뀌면서 망할 놈의 것이 백만 원 더 '업'되었다. 메모리 보강하고 저장 도구 하나 더 하고 와콤도 이번 기회에 바꾸고……. 저 기계가 나한테 새로운 자극을 줄까? Mac과 PC를 오가는 일이 귀찮지 않아? 작업 효율이 훨씬 높아질 거야! 27인치 레티나 디스플레이로 〈왕좌의 게임〉을 보면 끝내주겠지…….

할부를 하지 않는다는 나의 원칙은 지금 타고 다니는 차를 장만할 때 깨졌다. 263,736km를 달려 온 '메르세데스 아반떼'는 멈추었기에 폐차했다. 컴퓨터보다 훨씬 비싼 기계를 36개월 할부로 지르는 결정을 할 수 있었던 이유는 아주 간단하다. 시골에 사는 나로서는 차가 없으면 모든 일상이 심대한 타격을 받기 때문이다. 이제 그 지루했던 36개월의 끝이 보이면서 다달이 50만 원을 지출하지 않아도 되는 순간이 코앞이다. 그런데 나는 새로운 할부를 시작해야 할 것인지를 고민하고 있다. 새 차가 헌 차보다 편했기 때문이다. 망할 놈의 편리를 경험한 것이지.

시장에서 나는 항상 흔들린다. 시장의 유혹은 아주 강렬하다. 시장에 화장 잔뜩 하고 나온 상품들은 거의 흔들리지 않는다고 생각하는 나조차도 '가능하지 않을까?'라는 셈을 하게 만든다. 욕망을 접는 순간 어쩐지 약간 궁상스럽다는 생각이 든다. 그래서 시장은 나를 위축시킨다. 또는 분발하게 만든다. '억울하지 않아? 한 번 사는 세상인데!' 시장은 위축과 분발이라는 양극단의 선택을 강요한다. 자신에게 속할 것인지 떠날 것인지를 묻는다. 나의 대답은 30년 전부터 정해져 있다.

영후 너는 어떤 결정을 할래?

당장 답할 필요는 없다. 다만 남건 떠나건 입장을 정하는 것이 좋다. 이리저리 흔들리면 경제와 마음 모두 힘들다.

글고…… 병장 월급은 171,400원이더라. 검색하면 다 나오니 속일 생각 하지 마라.

대의제 혹은 민주주의 코스프레

영후에게.

정말 얼마 남지 않았구나. 다음 주면 네 마지막 휴가다. 그리고 복귀하면 거의 끝이다. 초파일 쉬고 다음 날 전역이다. 남은 포상 휴가를 분대 외박으로 돌린 것은 잘한 일이다. 분대원들 모두 너의 업적을 치하할 것이고 네가 떠나는 날 아침에도 전임자의 정치력과 마음 씀씀이를 칭송할 것이다. 어쩌면 동상을 세울지도 모를 일이다. 그러나…… 모든 후임들에게 모든 선임은 그냥 나쁜 놈일 뿐이다. 돌아서면 영의정도 임금 욕한다고 했다. 더구나 너희는 겨우 21개월 복무하는 군바리일 뿐이다. 이제는 말할 수 있다만, 그동안 통화하면서 네가 했던 소리 중 제일 가소로웠던 소리는 "우리 때는"이라는 말과 "요즘 후임들은"이라는 표현이었다. 과거와 미래가 없고 오로지 현재만 유효한 대표적인 직업이 군인과 정치인이다.

1198년, 고려 신종 1년에 개성에서 노비들이 반란을 모의했다. 주모자는 당대 최고 실세 최충헌의 사노비 만적이었다. 공부 잘한 사람보다는 싸움 잘하던 사람들이 번갈아 나라를 들었다 놓았다 하던 시절인데 신분이 천한 자들도 한자리씩 차지하곤 했다. 그래서 어느 날 만적이란 노비가 이 집 저 집 노비들을 모아 놓고 세상을 한 번 뒤집자고 일장 연설을 하면서 했던 말이 전하는데,

"왕후장상의 씨가 따로 있겠는가?"

왕후장상. 임금, 제후, 장수, 재상을 뜻한다. 능력 되고 마음먹으면 나도 왕이 될 수 있다는 소리다. 물론 '만적의 난'은 실패했다. 거사 직전에 배신자가 고자질하면서 '삑사리'가 났으니 사실 '난'도 아니었다. 역적모의 단계에서 멈춘 불발탄이었다. 어찌 되었건 만적이 크게 착각한 것은 왕후장상의 씨가 따로 있다는 사실을 몰랐던 것이다. 역사가 기록된 이래로 잠시 잠깐 동안의 정치 정세를 보고 흥분하여 판단을 그르친 것이다. 다시 한 번, 왕후장상의 씨는 따로 있다.

노무현 대통령이 탄핵을 당하거나 생전이나 사후까지 시비에 시달리는 것은 그 사람의 공과에 따른 필연적 구설도 아니고, 이력 짧은 야당 출신이어서도 아니고, 지방 운동권 출신이어서도 아니다. 오랜 시간 동안 왕후장상을 만들어 봤던 사람들에게 노무현은 대통령이 되어서는 안 되는 '평민'이었다. 노무현은 왕후장상의 씨도, 무신의 난을 일으킨 박정희나 전두

환 같은 무관도 아니었다.

반상, 양반과 상놈을 이르는 말이다. 상놈들이 작당을 할 수는 있다. 작당을 한 뒤에 싸가지 없이 달려들어 종아리 정도 물 수도 있다. 왕조 시절이 아니니 그것까지는 참는다. 그런데 상놈이, 평민이 왕이 되어 자신들을 내려다보는 풍경은 도저히 참을 수 없는 것이다. 피가 거꾸로 솟는다. 화가 치밀고 숨길 수 없는 증오가 분출된다. 더 미칠 듯이 미운 것은 노무현이 대통령 선거에서 물리친 사람이 이회창이라는 사실이다. 경기중, 경기고, 서울대 법대, 대법관, 감사원장, 국무총리, 한나라당 대표를 지낸 환상적인 프로필은 보수라고 주장하는 진영에서도 앞으로 등장하기 힘든 왕의 씨였다. 더구나 그의 아버지도 일제강점기부터 법 관련 밥을 먹은 검사 출신이었고 한동안 그가 전주 이씨 왕족의 후손이라는 설까지 나돌았다. 이보다 완벽할 수 없는 한국형 보수의 아이콘이었다.

노무현은 경남 김해에서 별 볼 일 없는 농부의 아들로 태어나서 중학교는 입학금이 없어 외상으로 다녔고 부산상고가 최종 학력이다. 고졸이다. 이후 노가다 하면서 사법고시를 공부했다. 왕후장상을 만들어 온 이 나라의 주류 세력이 보기에 그 당시 대통령 선거는 성립될 수 없는 매치업이었다. 심지어 노무현은 당시 자신이 속한 당에서조차 거부당했다. 자신들이 뽑아 놓고 자신들의 후보가 싫다고 한 것이다. 그들이 거부한 이유도 사실은 자신들의 후보가 평민 출신이라는 사실에 대한 쪽팔림 때문이었다. 이름이 아무리 바뀌어도 여하튼 '민주당'인 그 무리들이 보인 양아치 모습 중 단연 최고의 장면이었다. 그러나 우여곡절 끝에 매치업은 성사되었고 이회창은 노무현에게 졌다. 있을 수 없는, 일어나서는 안 될 일이 벌어진 것이다.

자본, 기존 정치 세력, 검찰, 언론, 학계, 종교 권력 어느 누구도 그를 대통령으로 받아들이지 않았다. 죽은 노무현이 여전히 사람들의 가슴에 예민한 자극을 던지는 이유는 간단하다. 그가 죽고 나서 갑자기 그의 정치와 정책에 대한 분석이 이루어지고 정말 훌륭한 업적이었다는 반전 평가가 일어난 것이 아니다. "우리와 별로 다르지 않은 사람"이었던 그가 그리운 것이다. 우리와 별로 다르지 않은 사람이 대통령이었던 경험이 왜 하나의 벼락 같은 사건이었는지를 천천히 알게 된 것이다. 오랜 정치 권력의 실세들은 그를 향한 사람들의 이런 사랑이 두려웠던 것이다. 왕후장상의 씨에서 탄생한 왕은 그런 사랑을 받을 수 없다. 그것은 그들이 통제할 수 없는 전혀 다른 독자적인 힘이다. 물론 그들은 도저히 이해할 수 없는 힘이지. 그들이 확실하게 알았던 것은 불씨는 확실하게 죽여야 한

다는 사실이었다. 지나고 보니 그것은 어쩌면 '노무현의 난'이
었다.

이전에 너에게 《9월이여, 오라》라는 책을 건넨 적이 있다.
아빠가 겁나게 좋아하는 아룬다티 로이라는 인도 여성이 쓴
책이다. 그 책에 나온 한 대목을 재인용해 본다.

"나는 아메리카의 홍인紅人들이나 오스트레일리아의 흑인
들에게 큰 잘못이 저질러졌다고 생각하지 않는다. 더 강한
인종, 더 수준 높은 인종, 그리고 더 세상일에 밝은 인종이 와
서 그들의 자리를 차지했기 때문에, 나는 이들에게 어떤 잘
못이 행해졌다고는 생각하지 않는다."

제 2차 세계 대전을 끝낸 세계의 '위인'으로 학교에서 가르
치는 윈스턴 처칠의 입에서 나온 말이다. 나는 이런 발언을
'그들의 본심'이라고 표현한다. 나라 안에서건 나라 밖에서건
정치의 본성은 약육강식을 미화하는 기술이다. 내가 더 힘이
있으니 너희 것을 모두 빼앗아야겠다는 소리를 당당하게 한
것이다. 이런 말을 함부로 뱉을 수 있는 근거는 처칠 개인의 싸
가지에 있는 것이 아니다. 그가 짖을 수 있게 해 주는 오래되
고 강력한 힘의 조합이 그 뒤에 있다.

처칠은 1937년에 다음과 같은 소리를 뱉었다.

"나는 아무리 오랫동안 개가 여물통에 누워 있었다 하더라
도 그 여물통을 차지할 최종적인 권리가 그 개한테 있다는
생각에 동의하지 않는다. 나는 그런 권리를 인정하지 않는
다."

여물통은 천 년 동안 팔레스타인 사람들이 살고 있던 땅이
고, 개는 팔레스타인 사람들을 가리키는 것이다. 2차 대전이
끝나고 승전국이었던 소위 1세계 몇몇 국가들이 UN이라는
기구를 앞세워 천 년 동안 그 자리에서 살아온 팔레스타인 사
람들을 쫓아내고 유대인들에게 나라를 세우게 한 결정이었
다. 국제정치의 가장 솔직한 본성을 표현한 것이지.

버락 오바마는 미국에서 최초의 흑인 대통령으로 당선되었
다. 오바마는 승리 연설에서 데이비드 엑셀로드라는 측근의
공로를 치하했다. 오바마의 친유대계 네트워크를 담당한 인물
이다. 미국 내 유대계의 78%가 오바마를 지지했다. 오바마는
백악관 비서실장으로 람 에마뉴엘을 지명했다. 정통 유대계
자손이다. 에마뉴엘은 '미국 이스라엘 공공정책위원회'의 핵
심적인 인물이다. 에마뉴엘은 선거전에서 자금 문제를 해결하

기 위해 전 재무부 장관 로버트 루빈, 버크셔 해서웨이 회장 워런 버핏, 전 증권거래위원장 윌리엄 도널드슨, 전 하버드대 총장 로렌스 서머스, 전 뉴욕연방은행장 티모시 가이트너, 전 연방준비제도이사회 의장 폴 볼커 같은 유대인 또는 친유대계 인물들을 영입했다. 한 사람을 평가할 때에는 역시 그 사람의 친구들을 살펴보는 것이 중요하다.

페이스북, 구글, 델, AP, UPI, AFP, 로이터, 뉴욕 타임스, 월스트리트 저널, NBC, ABC, CBS, BBC, 연방준비은행, 그린스펀, IMF, BIS, 세계은행, 브리티시 패트롤리엄(BP), 골드만삭스, 모건스탠리, JP모건, 씨티그룹, 헤지펀드의 50%, 노벨상 수상자의 30%, 세계 100대 기업의 40%, 세계 7대 석유 회사 가운데 여섯 개, 그리고 그 무엇보다 세계 5대 곡물 회사의 대부분……. 이 모든 것을 아우르는 공통점이 뭔지 알겠냐? 유대인 소유이거나 유대인이 만들었거나 유대인이 강력한 영향력을 발휘하고 있는 것들이다. 오바마는 그들에게 왕후장상의 씨로 친자 확인받았다. 공화당이건 민주당이건 아무런 관계가 없다. 시기에 따라 누가 더 충실한 이익의 동반자인지만 따지면 된다. 결국 세계를 움직인다는 워싱턴을 움직이는 '깊은 뜻'은 누구의 뜻이겠냐. 이 모든 뜻을 조율하는 것이 바로 정치다. 정치는 노골적으로 자신이 원하는 것을 가리키고 뻔뻔하게 손을 뻗어 그것을 집어삼킨다.

통상 민주주의를 표방하는 자본주의 사회에서 대중의 정치 의사 표현은 선거를 통한다. 국민의 뜻을 논하고 펼치기 위해 의회라는 것을 만들고 그 공간을 채우는 의원을 뽑는다. 대통령도 대부분은 국민들의 직접선거로 선출한다. 중요한 일이다. 그 결과는 오롯하게 국민들에게 돌아오기 때문이다.

지금 너희들은 당연하다고 생각하는 이른바 보통선거의 역사는 그리 오래되지 않았다. 미국에서 여성참정권(투표할 권리로 이해하자.)이 주어진 것은 1920년이다. 여기서 여성이란 백인 여성을 뜻하는 것이다. 왜냐면 미국에서 흑인에게 참정권이 주어진 것은 1965년이기 때문이다. 우리나라로 보자면 1948년이 되어서 UN이라는 문패를 건 미군의 감시 아래 첫 선거가 치러졌다. 이승만 대통령 시절 선거는 그냥 코미디였다고 보고, 박정희 정권 중반부터 전두환 같은 무신정권 시절에는 체육관에서 대통령을 뽑았으니 국민의 손으로 대통령을 뽑았다고 할 수 없다. 간접선거라고 하는데 90% 찬성 뭐 그랬다. 마음에 들건 말건 대한민국 국민들이 처음으로 대통령을 뽑은 경험은 1987년 13대 대통령 노태우를 뽑을 당시였다. 아빠는 그때 대통령 선거법 위반으로 잡혀 들어갔다. 직선제라 너무 좋아서 좀 껄떡거렸다.

우리가 살고 있는 세상을 민주국가라고 부른다. 민주국가의 기본 요건으로 내세우는 것이 주권은 국민으로부터 나온다는 것을 명문화하고 보통·평등·직접선거를 시행하는 것이다. 그래서 대한민국은 민주주의 국가라는 것이다. 그리고 선거 결과에 승복하는 것이 민주 시민의 도리라고 한다.

그런데 아빠는 다수의 의견에 따르는 선거라는 제도가 민주주의의 최선이라고 생각하지 않는다. 선거라는 것은 여론의 결과이고 그 여론이라는 것은 여론을 기획할 수 있는 도구를 장악한 쪽이 유리하기 마련이니까. 더구나 대한민국은 가장 최근에 이루어진 대통령 선거에서도 반칙을 하는 나라다. 선거 제도에 대한 신뢰도가 떨어지는 것은 당연하다.

여론조사라는 것이 있지. 너도 선거권자가 되었으니 그런 전화 한 통 받아 보았을지도 모르겠구나. 선거를 앞두면 이 여론조사 결과가 뉴스의 첫머리를 장식한다. 여론, 사회 대중의 공통된 의견이라고 하는 것이다. 나는 일단 '공통된 의견'이라는 대목을 전혀 신뢰하지 않는다. 항상 무엇인가에 대한 찬성과 반대, 지지와 거부로 나누어지는데 막상 변수는 '부동층'이라는 사람들이다. 오로지 결과만 중요한 게임에서는 결정권을 쥔 사람들이 주인공 맞다. 부동층, 결정하지 못했거나 결정을 바꿀 수 있는 사람들이다. 여론은 의도된다. 의도는 기획이다. 기획은 방향과 목적을 가진 행위다. 부동층은 항상 의도한 기획에 흔들렸다. 돌려 말할 필요 없이 스스로 생각할 수 있는 잣대가 없는 사람들이다. 우민이라고 하지. 어리석은 백성. 그들을 잘 설득하면 선거에서 승리하는 것이다. 아빠는 그런 선거의 결과로 내 기분이 더러워지는 것을 받아들이기 힘들다. 그래서 항상 선거를 앞두고 투표 여부에 대해서 갈등한다. 그것도 참여하지 않으면서 정치를 욕할 수 없다는 것이지. 그런데 다수결로 결정하면 다수당이 이기는 것이 당연한 것 아닌가? 다음 선거에도 들러리로 참가할지는 아직 모르겠다.

국민은 집권 세력이 꾸준히 이익을 누릴 수 있도록 모양새를 갖추는 투표 도구일 뿐이다. 참정권은 정의로울지도 모르나 그 정의는 불합리한 제도 안에서 꼼짝 못하는 정의이다.

최근 사회적으로 뜨거운 쟁점은 증세와 복지다. 증세, 세금을 늘리는 일이다. 복지, 국가가 국민을 좀 더 편안하게 하기 위해 마련하는 사회보장책이다. 증세 여부에 대한 질문에는 증세를 하지 않고 복지를 줄여야 한다는 의견이 많았다. 여당 입장이다. 내가 세금 더 내느니 복지 적게 받을란다는 소리다. 기업의 법인세를 올릴까 말까라는 질문에는 세금 수입이 부족해서 복지가 충분하지 않으니 올려야 한다는 의견이 많았다. 돈 많이 버는 사람들 세금 올리는 것은 찬성한다는 소리다. 야당 입장이다. 이게 뭐냐 하면 여하튼 나한테는 피해가 오지 않는 선에서 세금을 늘이건 줄이건 복지는 늘려 달라는 소리다. 이런 말도 안 되는 입장들 사이에서 2%만 앞서는 기획을 하면 계속 집권하고 정치할 수 있다.

노무현의 당선은 불과 1년 정도의 시간 동안 갑작스럽게 진행된 하나의 이변이었던 탓에 기존 정치권력 입장에서는 '어어?' 하다가 당한 혐의가 짙다. 그가 집권하고 왕후장상의 씨들로부터 제대로 미운털이 박힌 일은 바로 종합부동산세를 과세했기 때문이다. 감히 상위 1% 계급의 세금을 인상하는 법안을 마련한 것이다. 물론 그 다음 이명박 때에 그 법은 효력을 잃었다. 헌법재판소는 위헌이라는 판결을 내렸다. 심지어 원하면 이미 낸 돈을 환급까지 받을 수 있게 만들었다. 오래된 정치 권력은 자신들에게 나쁜 선례조차 남기기 싫었던 것이지.

그것은 여당과 야당이 별반 다르지 않다. 한국은 분단과 지역 구도를 통치 수단으로 활용하기 때문에 집권 세력이 틀을 짜기 편한 조건이다. 집권 세력이란 여당만을 말하는 것이 아니다. 야당까지를 포함하는 것이다. 언제까지 분단과 지역 구도가 세금이나 복지 정책보다 효과적인 처방전일지 확신할 수는 없지만 다른 듯 같은 집권 세력들한테 정책적 인센티브라는 사실은 분명하다.

아빠가 볼 때 간접민주주의의 가장 큰 문제는 정해진 상품 중에서만 골라야 한다는 점이다. 나는 맑은 계곡물을 원하는데 내가 선택할 수 있는 제품은 똥물과 오줌 물 가운데 하나다. 다수의 표를 받은 똥물과 오줌 물 중 하나가 내 뜻을 대신해서 서울에서 개싸움을 대신해 준다는 것이지. 이만큼의 '선택권'이 있는 것을 '민주주의'로 치환하는 것은 일종의 최면술이고 본질은 사기다. 그러니 우리가 경험하고 있는 민주주의라는 것은 일종의 완곡한 거짓말, 민주주의 코스프레다.

사실 투표권을 '그들로부터' 허락받은 것이 백 년도 되지 않았다. 망극한 성은의 여진이 남아 있는 시절에 나의 편지 내용은 배은망덕하긴 하다. 그러나 나는 앞으로도 배은망덕할 것이고 그들에겐 정치지만 나에겐 정치투쟁인 이 역겨운 현실은 지속될 것이다. 외면하지는 않을 것이다. 왜냐하면 총알은 정치적인 인간과 비정치적인 인간을 구분해서 날아다니지 않기 때문이다.

영후, 개죽음 당하느니 물어 버리는 것이 그래도 어느 정도 정신 건강에 좋다.

나오는글

전역 신고

보물지도는 없다

사회라거나 세대에 대해 생각하면 머리가 뒤죽박죽 깽판 퍼레이드가 된다. 미래는 우리가 이끌어 간다고들 하는데 이런 씨바, 지금 당장 내일도 모르겠다는데 미래는 무슨……. 많은 것들이 변해 간다. 하지만 나까지 거기에 맞춰서 변해 가기는 싫다. 나는 그냥 나인 채로 있고 싶다. 그렇게 죽으면 좋겠다. 짧아도 상관없으니 호시노 미치오가 곰에게 물려 죽은 것처럼 그냥 그런 삶을 살고 싶다. 나는 여전히 나이므로 행복하다.

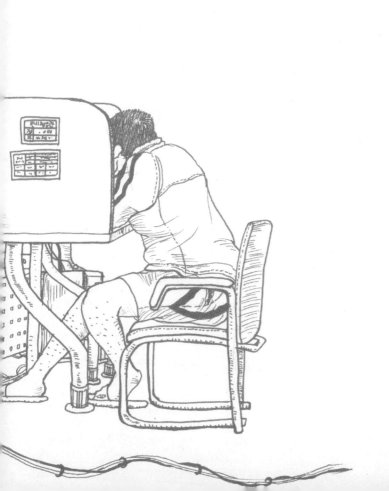

전역 신고

전역했다. 전역한 지 1주일이 지났다. 병장에서 청년 실업자로 진화했다. 음 뭐랄까, 내가 지금 전역해서 집에 있는 컴퓨터로 글을 쓰고 있다는 사실이 참 실감이 안 난다.

그냥, 마냥 좋을 줄 알았다. 이제 돼지풀도 안 뽑아도 되고, 눈 내리는 걸 보면서 절망할 필요도 없고, 훈련 나가서 진지에 앉아 추위에 떨며 망할 맛다시 범벅 봉지밥도 안 먹어도 되고, 망할 선임도 간부도 없고, 점호도 안 해도 되고, 체단(체력 단련)도 없고, 그놈의 벽에다가 그림을 안 그려도 되고,(기껏 그려 줬더니 뭘 붙여서 가려 놨더만, 빌어먹을.) 이제 그럴 일은 아마 내 인생에서 없을 거다. 없어야 된다.

뭔가 쓰려고 하면 멍해진다. 병장 때 게을러서 하기 싫었던 것과는 다른 느낌이다. '정말 끝난 건가? 이거 몰카 아니야? 휴가 복귀해야 되나?'라는 생각을 반복했다.

전역 때 아빠가 와 있었지. 내가 입소할 때처럼. 아니, 아니다. 사실 느낌은 많이 달랐다. 일단 난 뒷통수에 '콜라'라고 적혀 있는 바보 같은 전역모를 쓰고 있었고, 애들이 전역 마크를 달고 가자고 했지만, 난 전역했는데 그딴 게 무슨 소용이냐 싶어서 안 달았다. 아니 애초에 군복에 돈 쓰는 게 싫었다.

아빠가 화천까지 온 게 네 번째였나? 타지가 집인 사람 중에서는 가장 많이 올라왔을 거다. 그렇게 둘이 차를 타고 내려왔다. 오는 길에 풍기에서 서부냉면도 먹고. 그 냉면. 내가 냉면을 좋아하는 편은 아닌데, 그 냉면은 뭐랄까, 어쩌면 내 전역 같은 맛이었지. 그래 전역. 어라, 전역했네?

시작과 끝은 비스무리한듯 다른 느낌이었다. 입소할 때의 긴장감이 어땠는지는 이제 생각도 안 나지만.

함께 입소한 내 동기들도 불의의 사고를 당했다거나 영창을 갔다거나 하지 않으면 다 전역했을 거다. 전역 날 익숙한 얼굴들을 봤고 인사를 했다. (다들 헤벌레 하더라.)

입대할 때는 다들 무슨 생각을 했을까? 전역하면 효도해야지, 부모님 사랑합니다, 나 이제 좆 됐다, 뭐 그런 생각들을 했으려나? 102보충대에서는 우는 사람들이 많았다. 클럽마냥 신나는 노래들이 나오고 여자들이 춤을 추고 송중기 주위로 카메라가 돌아다녀도 빡빡머리 중 웃는 사람은 없었다. 잠시 동안이지만 헤어짐을 실감해서일까. 그러다가 갑자기 포옹 한 번 하고 사랑한다는 말 한 번 때려 주고 지옥의 아가리로 들어갔다.

그랬는데 다들 이제 병장을 달더니 가장 인간 쓰레기인 상
태일 때 집으로, 식구들한테로 돌아오는 거지. 훈련병 때 철들
고 자대에 와서 나쁜 습관에 물든 채로 말이야. 차라리 훈련
병일 때 전역시키는 게 나을 건데……. 사실 자대에서는 막상
하는 것도 없잖아?

내가 병장 권영후로 소집 해제 하는 날 아빠가 했던 말처럼
정면을 바라보고 있도록 노력하겠다.

훈련병 때 쓴 편지였지. 내가 지금 정면을 바라보고 있는지
는 잘 모르겠다. 아마 다들 각자 입대할 때의 마음가짐이 있
었을 거다. 그게 효도건 뭐건 말이다. 그런데 지금은 어떠려
나? 군대에 갔다 오면 사람이 변한다고들 하지만 21개월 간의
'멍때림'이 사람을 변하게 할 리가 없잖아? 들어가기 전이나
갔다 온 후나 똑같다. 아님 더 바보가 돼서 나오거나. 밖에서
안 하던 짓을 안이라고 하지는 않는다. 뭘 계획하고 결심하든
작심삼일로 끝나는 경우가 대부분이다.

생각 안 해 볼 수가 없다. 군대가 존재하는 까닭에 대해서.
도대체 이놈의 군대 21개월이 나한테 무슨 의미가 있지? 국방

의 의무? 그건 정말 말도 안 되는 소리다. 나는 '워보이'가 아니다. 필승의 신념 그런 거 없다. 아마 전쟁 나면 도망치기 바쁠 거 같다. 무슨 전투력이 있나. 밥이나 먹고 똥이나 싸지. 부모 형제 미군 믿고 단잠을 이룬다. 아니, 걔네도 믿기는 좀 거시기하겠다. 장갑차로 여중생이나 죽이는데.

사회생활을 배우게 되나? '내리갈굼'이나 하고 '팀킬'이 난무하는 무법천지. 이런 게 사회라면 다 같이 '졸라' 반성해야 된다. 〈매드맥스〉도 아니고. 하긴 머리 짧은 놈들이 옹기종기 모여 있으니 그런 느낌도 나기는 한다. 워낙 무법 지대니까.

인간관계인가? 초등학교 때 영원히 친구하자고 했던 친구들 얼굴도 이름도 기억이 안 난다. 중학교도 마찬가지다. 고등학교 때 친구들도 안 만난 지 오래되었다. (내가 왕따인가?) 여기서 만든 인간관계가 과연 얼마나 갈지 나는 모르겠다.

그럼 결국 우리가 군대에서 얻는 건 뭘까? 내가 너무 비관적으로 생각하나? 근데 다들 알 거다. 씨바, 군대 갔다 와야 남자라는 둥, 사람 다루는 법을 알게 된다는 둥, 그딴 소리는 그냥 꼰대들이 하는 헛소리다. 자기 위로야, 딸딸이라고!

21개월, 다들 시간이 아깝다는 말을 엄청 해댄다. '내가 여기서 뭐 하는 거지?' 그 생각만 계속 울려 댄다. 입대할 때부터 끝나는 그날까지 삥 뜯기는 느낌에 시달렸다. 내가 하필이면 우라질, 세계에서 유일한 분단국가에 태어났다는 이유 하나로 내 시간을 국가에 삥 뜯기는 거 아닌가. 엄청 억울한 느낌으로 들어갔고 그 기분 그대로 나왔다.

군대에 있는 동안 많은 계획들을 짰다. 이제 나왔으니 모두 유효하다. 아마 거의 대부분 이대로 잊혀지겠지. (재주가 없으면 부지런하기라도 해야 할 텐데.) 사실 안에서 짠 계획이 밖에서 무슨 소용인가 싶기도 하다. 대학 입시 이후로 앞날을 상상한다거나 그런 이상한 짓은 잘 하지 않게 되었다. 어른들은 대부분 남의 인생에 대해서 쉽게 이러쿵저러쿵하는데 내가 보기에는 어른들도 그렇게 살려고 했다기보다 사는 대로 살아진 경우가 대부분인 것 같더라, 뭐 그게 꼭 나쁘다는 건 아니고.

어제 소대장이 전화를 했다. 왜 전화를 하고 그럴까, 무섭게. "전역해도 못 만나는 것도 아니고 이제 형 동생으로 잘 지내자."라고 했다. 내가 예의 바르거나 좋은 소대원은 아니었을 것 같은데. 그리고 소대원들 몇 명이랑 통화를 했다. O병장이랑 O병장, O상병. 다들 반말로 전역하니까 좋냐고 물었다. 마냥 좋기만 한 건 아닌데. 아직 전역 안 한 놈들한테는 이 얘기가 어떻게 들리려나? 네 명이랑 15분 정도 통화를 했다. 애네들도 별일 없이 전역해야 할 텐데. ('무사전역' 해서 이 책을 한 권씩 사고, 아니 두 권씩.)

통화가 끝나고 나니 전역이 조금 실감이 났다. 군대가 의미가 있건 없건 21개월 동안 힘들었다. 인생에서 벽 하나 정면 돌파했다.

고생한 스스로에게 박수. 아직도 고생하는 장병들에게 박수. 다들 무사히 전역했으면 좋겠다.

어쩨 잠이 오네. 자야 되겠다.

보물지도는 없다

2015년 5월 25일 월요일. 나는 다시 중앙고속도로 위에 있었다. 동명휴게소에서 국수를 한 그릇 먹었다. 전남 구례에서 출발해서 여전히 도로비를 징수하는 88고속도로를 지나 대구를 기점으로 북으로 길머리를 틀면 기나긴 운전의 피로와 긴장감에서 제법 벗어난다. 이제 무조건 북쪽을 바라고 오르면 되는 것이다.

사실 더 가까운 길은 구례에서 바로 북쪽으로 차를 몰아 판교에서 서울외곽순환도로를 타고 춘천으로 들어가는 길이지만 나는 단 한 번도 그 길로 들어선 적이 없다. '88농로'라는 초대형 악재에도 언제나 중앙고속도로, 북부 경북의 약간 나른하고 한적한 풍경을 선택했다. 석가탄신일이었지만 도로는 한적했다.

오늘 영후가 나온다. 2013년 8월 27일 오후 2시 무렵의 감정 상태로 보자면 도저히 오지 않을 것 같았던 2015년 5월 26일이 눈앞에 닥쳐 있었다.

영후는 대학을 가지 않았다. 제대를 한다 해도 몇 개월 놀다가 복학하는 일반적인 시나리오에 편승하기란 불가능했다. 아이가 군에 있는 시간 동안, 나는 아이에게 '지금 여기'에서 자신을, 자신의 행복을, 자신의 삶을 포기하지 않는 법을 이야기하고 싶었다. 격주 또는 한 달 간격으로 오간 종이뭉치 소포는 자체로 흐르는 시간의 퇴적층이었다. 군바리들이 달력에서 오늘을 하나씩 지워 나가듯 나는 그렇게 아이에게 해 주고 싶은 이야기들을 차례차례 쌓아 나갔다.

그 사이 대한민국은 말할 수 없이 참담했다. 2014년 4월과 여름, 그 일련의 사건 사고들 앞에서 절대다수의 부모들은 어쩔 수 없이 제 새끼와 자신을 끊임없이 대입해야 했다.

내가 죽은 아이들의 부모라면 임병장의 사형을 원할까? 내가 윤일병의 부모라면 가해자들의 사형을 원할까? 내가 진도 앞바다를 떠도는 아이의 부모라면 아직까지 법을 지키고 있을까? 무엇보다 내 아들이 사건의 중심에 등장한다면 가해자를 택하겠나 피해자를 택하겠나.

답은 항상 살아남는 쪽이면 좋겠다는 우문우답이었다.

영후는 이제 '이곳'으로 무사히 돌아왔다.

영후가 제대한 뒤 바뀐 풍경은 공중전화가 아닌 핸드폰으로 전화한다는 것, 군대에 있을 때보다 우리들의 통화량이 훨씬 줄었다는 사실이다. 우리는 어쩌면 아무런 일도, 일말의 애틋함도 없었던 것처럼 그렇게 제각각 하루를 보내고 있다. 물론 이리 될 것이라는 것은 예정되어 있었다.

오랜만에, 102보충대에 영후를 두고 돌아온 뒤 썼던 글을 꺼내 본다.

당분간 네가 누렸던 시간의 소중함에 대해서 많이 느끼는 날들이 될 것이다. 또한 우리가, 가족이란 것이 서로에게 얼마나 소중한 것인지에 대해서도 생각해 보는 날들이 될 것이다. 하루, 한 시간, 1분, 1초 앞의 일에 집중하는 단순한 일상에 충실하기를 바란다.

너를 뒤로 하고 내려온 이후 새벽이면 바람이 차다. 이불을 끌어당긴다. 그리고 새벽 공기를 가르고 일어날 너 또는 너의 또래들을 생각한다.

아빠도 너의 훈련 시작과 함께 다시 일어설 생각이다. 다음 장에는 배추 모종을 사서 옮겨야겠다. 배추 농사는 90일이다. 네가 첫 휴가 나오면 먹을 김치가 될 것이다.

고맙다. 너로 인해서 나도 또 긴장하고 분발하는 일상으로 돌아갈 것이다.

악필이기는 했으나, 그곳에서 날아온 아이의 손편지를 받는 것은 큰 기쁨이었다. 허망한 시간, 견디고 이겨 주어서 고맙고 자랑스럽다. 사는 곳이 바뀌었다고 해도 결국은 다르지 않다. 악동이 희재 아저씨의 전언처럼 "사는 곳이 학교다."

돌이켜 보면 이 모든 행위의 출발은 부인할 수 없이 '불안'이었다. 여전히 누군가의 아들들은 입영 통지서를 받아 들 것이고 그 아비들은 그날이 다가올수록 저녁 담배 연기를 멀리 날려 보낼 것이다. 나 역시 다르지 않았다. 다만, 불안을 다스리는 법을 조금 일찍 찾아냈을 뿐이다.

나는 어쩌면 이 편지들을 통해 영후가 살면서 하나씩 발견했으면 하는 빛나는 것들의 지도를 그려 보이고 싶었는지도 모른다. 막 세상으로 한 걸음 나서려는 아이에게 차근차근, 할 수 있는 한 솔직하게.

그러나 결국 이 이야기들은 나의 보물찾기 '모험담'으로 남았다. 네 보물 지도는 결국 너 스스로 그려 나가야 한다.

영후, 건투를 빈다.

한 번뿐인 삶
YOLO

초판 1쇄 펴냄 2015년 11월 13일
글 권산, 권영후
그림 권영후
편집 서혜영, 전광진
도움 주신 분 삼류브로카
　　　　　3. 일과 돈 가운데 '봉급, 월급, 연봉, 어떻게 먹고살래?'는
　　　　　'삼류브로카'님의 글에서 많은 도움을 받았습니다.

인쇄·제책 상지사 P&B
영업 대행·도서 주문 책의 미래 전화 02-332-0815 팩스 02-6091-0815

펴낸곳 상추쌈 출판사 │ **펴낸이** 전광진
출판 등록 2009년 10월 8일 제 544-2009-2호
주소 경남 하동군 악양면 정동리 554　우편번호 52305
전화 055-882-2008 │ **전자 우편** ssam@ssambook.net

ISBN 978-89-967514-4-4
CIP 2015028903

값 14,000원